U0035833

飛星紫微斗數
這樣學就對了
一本專為學不會紫微斗數的人寫的教學寶典
陳雨慈——著

〔序文〕

飛星紫微斗數，這樣學就對了

我發現：原來生命中還是需要給自己一些勇往直前的目標，來督促與幫助自己往前看、往前走。

也許……

在這過程中，需要承載非常多的內心煎熬，卻還是必須狠下心，逼著自己咬著牙根忍耐熬過去。

在這考驗過程中，有時是非常漫長難熬，有時又會讓人感到孤獨難耐、恐慌、焦慮；在這些夾雜種種情緒的艱辛歷程裡，唯有自己親身體驗，才能最清楚箇中滋味。相對於已成過往的人事物，若無法斷然割捨，心中依舊存留依戀與不捨，那也只能永遠活在過去的陰影之下，絲毫沒有多餘的思想空間，坦蕩蕩迎接全新人生。

看來人生，也不過就是一個選擇與放棄的生命旅程，在做任何事情的當下，需要做出決策時，都是需要擁有一顆堅定的心，認定就是它、不存有任何可以讓自己放棄的理由與藉口；在生活當中，不輕易受他力影響，也不會因為種種考驗，受了挫折而輕易放棄。

不知看著此書的你，是否也有著相同感觸呢？

繼二〇一九年年初《幸福紫微方程式》出版後，腦袋就一直反思我在紫微斗數的世界裡，還能給想學飛星紫微斗數的朋友們哪些方便入門的觀念。

曾經……在寫《飛星紫微斗數，這樣學就對了》這本書時，有一段時間停頓下來，內心也頓生一些衝擊想法，是不是就該到此停筆了呢？

內心除了感嘆命理五術書籍並不受大眾讀者廣泛接受，命理就只是一個小群眾的喜愛區塊；簡單來說，會到書局買書的人，在十個人當中，就只有一個的機率會選擇購買命理相關書籍，像這樣十選一的投資報酬率，對一個出書的作者來說，真是屬於不太划算的走向與選項。

五術命理書籍依舊停留在傳統與宿命的階段，並不如大家喜愛看的心靈雞湯、勵志書籍來得受歡迎，大家還是比較喜歡喝雞湯較夠味，像這類的心靈雞湯勵志書籍，反而還是比較能讓大眾肯定。

寫一本書真的是不容易，每本著作都是作者絞盡腦汁、半夜睡不著覺，燒腦編排出來（自從我當過一本書的作者之後，更是可以體會一個當作者的辛酸史）。

一本書雖然不用花費多少錢，但是字字句句都是作者的心血，相信每位作者在寫一本書時，一定渴望也迫切希望從書中抒發出作者本身想要傳達給各位讀者的理念與想法。

能在這些作者他們辛苦創作的理念之下，方便我們擷取作者在專長中的獨特領悟，不僅開拓視野，更豐富我們的日常生活常識，身為一個讀者真的很幸福。

作者在寫書的時候一定存有很多他的理念或是他的親身經歷，我們即使沒有辦法完全去瞭解，至少別用自己的偏見與主觀去論斷我們看到的現狀，其實有些真相並不是我們的肉眼看得清楚，而是要用我們的心，真正的去聆聽。

生活一樣柴米油鹽醬醋茶，但還是真的少不了這一味「書」，書的滋味最不走味，也是我們最好的朋友，常常是在空窗期與無聊時期的最佳陪伴者。生活即使忙碌，請記得要隨時補充精神食糧，它不僅安撫了我們平時被工作、家庭、情感問題等等壓榨疲憊不堪的心靈，也補足平時缺乏的知識，豐富我們的人生。

透過命盤來自我覺知，可以清楚意識到自己問題所在，很多時候並不是不能改變，而是命盤主人自己已經決定了不想改變。人總是會受到熟悉事物的影響，即使如願得到自己所想要，也會感到陌生而再度選擇放棄，然後再回到自己所熟悉的人事物上。

每個人都是獨立思想，在這些沒有信心靠自己奮鬥找到前進理由人們當中，很難找到獨立精神堅強的人性，唯有先改變自己心態，也別動念想去改變他們，因為是他們自己拒絕改變，親手把幸福推在門外——此時我們也只能默默祝福——尊重選擇。

曾經有人這麼問我，為什麼覺得我說的紫微斗數更像心理輔導呢？

相信大家一定會對心理學跟紫微斗數為什麼可以並論產生疑問？

在我的體悟與理解當中，紫微斗數命盤猶如一個活生生的人，有想法、有情緒、有行為，也因為命盤主人的起心動念進而行動產生結果，每個行為之下都隱藏著動機，我試著把這些心理學觀念冠在命盤中去理解解析，也經過深思、印證，才能轉化為智慧融入腦海中。

的確是真的又多了一個好處，除了方便讓看得懂紫微命盤的我們找出趨吉避凶的時間點，心理學可以加強我們深入探討瞭解分佈在命盤上情緒、意識、潛意識……。

在佛洛伊德的人類心智觀上所說：意識也只是浮在海面上冰山理論中的一小角，我們常只看到對方的外層表面，無法瞭解他內心真正的想法，也常以自己主觀誤判；因為還有隱藏在冰山底下的一大角——潛意識，而這潛意識就如同紫微斗數命盤上的福德宮。

所有顯露在外的情緒都只是冰山一角，更大的危機是隱藏在冰山底下最深層。意識不會是原因，而真正根本原因所在來自於潛意識，我們看到的一切表面，有可能都只是假象而已。

讓我更深信心理學跟命理學是可以相輔相成，更可以利用心理學來輔佐命理讓更多人來一起瞭解人性層面，在推理命盤過程中，懂得以同理心來關懷與引導，讓更多人因此受益，這才是命理真正存在的意義。

目錄

第一章
幸福小叮嚀

幸福小叮嚀

第一節　化祿轉忌與化忌轉忌原理

常常有人會問我，為何解盤時，總會覺得不知該從哪裡先下手，一拿到命盤就傻眼，眼睛瞪得像銅鈴似的轉呀轉，不知眼球要先轉到命盤上哪個方向去，就這樣愣住了！

在這裡，我可以很肯定與認真的告訴你，的確是會有這樣的情景出現。相信我：即使是根器好、智商很高的天才還是會遇到這樣的瓶頸。

舉凡任何學習都需從無到有，一點一滴勤奮紮根打好基礎，有一句西方諺語說得真好，「羅馬絕對不是一天就建起來的」，其實就是在比喻很多事情並非總能一蹴而就，是需要持之以恆地付諸努力，才能得到你內心所想要的成果。

然而到了看盤順手時，又要開始面對眼前的問題，該給命盤主人真實的答案呢？還是因為自己的於心不忍而給了善意的謊言？拿捏尺寸沒做好就會害了命盤主人做了錯誤的選擇。

對於個案解讀與解釋也是一門學問，並不是只懂得會看命盤就能解決的事，或許我們能做的是引導案主可以透過改變生活型態與模式，幫自己改變原本會發生的問題，打造新的一條路。

即使你已經看到的是不歸路，也沒權利左右個案人生，只能循循善誘給予勸說，別誤導成是你替他們做的決定，因為最終的選擇權還是落在個案本身。

最後再次強調重點「化祿轉忌與化忌轉忌」，是宮位與宮位碰觸產生的現象帶到下一個宮位，然後會再因為某個宮位串連進來後，產生變化或者是影響結果，不是亂串亂飛化，絕對是有邏輯性與前因後果的飛化，至少這點基礎理論概念是必須理解。

（圖一）

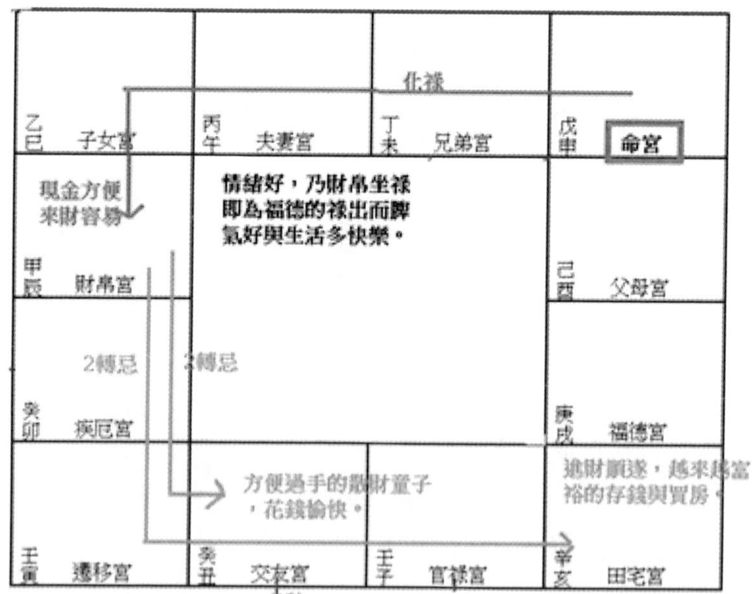

以（圖一）範例來說：

一、以命宮立太極，化祿到財帛宮，表示跟現金有緣所以也會賺錢容易，當轉忌到交友宮，畢竟需要考慮到交友宮是屬於他宮，所以對命盤主人沒有助力。會因為對朋友的珍惜，願意花錢在朋友身上，還是存有財帛宮化忌到交友宮，忌沖兄弟宮庫位的影響，就會少了金錢理財觀念，猶如過路財神一樣，現金只會輕飄飄從手中滑過，然後就產生與朋友共享金錢的快樂。

二、以命宮立太極，化祿到財帛宮，除了跟現金有緣之外，也會在賺錢方面比他人順利，也可以說是命宮是財帛宮的事業宮，當然也容易找到工作……等等，然後轉忌到田宅宮，由於田宅宮是屬於我宮、又是收藏宮位，既然田宅宮是屬於我宮，當然是對命盤主人本身較有利益可言，所以當現金在手上時，會藉由轉忌帶到田宅宮存放起來，自然累積財富變得富有。

同樣是命宮化祿到財帛宮，轉忌的宮位不同，就會有不同的解釋，這是非常重要的學習理論之一，更是學習飛星紫微斗數的樂趣。

（圖二）

以圖二範例來說：

一、以命宮立太極，化忌到財帛宮，對錢非常在意，不管大小錢，都會認真去賺取，然後轉忌到交友宮，也是存有對朋友重視，根本不會想到自己賺錢的辛苦，只要朋友一句話，絕對義氣相挺，把錢全部捧上借出去。

二、以命宮立太極，化忌到財帛宮，對錢非常在意，不管大小錢，都會認真去賺取，然後轉忌到田宅宮，會因為對錢財的注重更是節儉，一點一滴慢慢存起來，跟「圖一」雖然同樣是存到田宅宮沒錯，但祿還是相對比忌來得輕鬆，也就是更細膩說明以祿跟忌賺錢的勞力付出是有不同的差別。

第二節　來因宮與十二宮關係

在紫微斗數命盤上絕對離不開生年四化的論述，既然生年四化如此重要，那勢必也是需要探討生年四化怎麼來的呢？是吧！

這四化氣怎麼來的呢？

是由生年的天干化氣衍生而來，生年祿、生年權、生年科、生年忌所坐落的宮位是先天定數，也是與命盤主人息息相關的課題，說明了此生關注的話題終舊是離不開這四個宮位，當然也要對產生這四化的源頭深入探索，這先天四化的來源就是「來因宮」。

六內宮屬於我宮，與自己較有貼身關係，也表示是自己可以控制，屬於自我意識比較強的是命宮、財帛宮、事業宮，屬於自我意識比較弱的就是疾厄宮、福德宮、田宅宮。

六外宮屬於他宮，也是自己較無法掌控的宮位，甚至可能是受到這些宮位的影響做出不同的選擇，外宮就是兄弟宮、夫妻宮、子女宮、遷移宮、交友宮、父母宮。

來因宮在命宮：來因宮落在命宮，命宮代表的是自己，表示一切繁華富貴、成敗皆是由自己的心性所為，生年四化宮位深受個性影響，生年四化所落宮位也是要細分他宮或我宮。

來因宮在兄弟宮：屬於他宮表示一切行為皆會受到兄弟姊妹、母親干涉影響。

來因宮在夫妻宮：會因為配偶或是感情的對象因素，受到牽絆。

來因宮在子女宮：會對子女或部屬特別關注與付出。

來因宮在財帛宮：在錢財的使用出入運作，會特別佔用時間。

來因宮在疾厄宮：表示身體的感受會特別敏感，影響自己決定。

來因宮在遷移宮：在外的處世機遇會深刻影響命盤。

來因宮在交友宮：會受制於朋友的關係建議。

來因宮在官祿宮：事業的型態與運作。

來因宮在田宅宮：特別受到家庭的環境影響。

來因宮在福德宮：有福份、也因自身享樂影響決定。

來因宮在父母宮：會因為父母、長輩、上司的關注影響自身決定。

第三節 輕鬆學習飛星紫微斗數（1）

由於平時很常接到銀行或一般公司團體的邀約演說講座，讓我在第一線接觸到的是屬於完全對命理常識空白階段的人群，他們對命理的趨之若鶩，因為短時間內難窺其堂奧，最終轉而變成對命理的徬徨與迷失。

也因為這層關係，讓我在這些人的身上聽到更多聲音，如傻大姐般的我，當然也非常樂意分享我的經驗，甚至現場就幫所有人看起命盤分析與解說。

這些種種因素，讓我開始思考，該如何讓一個完全對命理陌生的人，不再把思維框架在只有命理根器的人，還有執業命理師才學得來的想法，走到對「認識自己」也是學習紫微斗數的另類學習呢？

現在時代如此進步，幾乎人手一機，手指頭直接在手機滑一滑，命盤就直接下載了。拿起命盤就可以開始比對，這些散落在紫微斗數命盤上的符號，到底都是代表什麼意義或解釋呢？

此篇是要教大家輕鬆學，就不帶著練習手排盤與繁瑣的飛化解盤。

蛇 辛 巳　福德宮	馬 壬 午　田宅宮	羊 癸 未　事業宮	猴 甲 申　交友宮
龍 庚 辰　父母宮	十二生肖跟宮位對應關係		雞 乙 酉　遷移宮
兔 己 卯　命　宮			狗 丙 戌　疾厄宮
老虎 戊 寅　兄弟宮	牛 己 丑　夫妻宮	老鼠 戊 子　子女宮	豬 丁 亥　財帛宮

十二時辰：

子時23點至01點　丑時01點至03點　寅時03點至05點

卯時05點至07點　辰時07點至09點　巳時09點至11點

午時11點至13點　未時13點至15點　申時15點至17點

酉時17點至19點　戌時19點至21點　亥時21點至23點

十二地支（子丑寅卯辰巳午未申酉戌亥）代表著十二時辰與十二生肖，當然也是有其代表的方位。這些生肖與方位與看盤也有相關，某年會跟哪些生肖屬性的人較融洽或者有衝突，或往哪個方向走會對自己較有利。

以下簡略介紹十二宮位代表意思：

命宮：看一個人的思想、個性、行為、能力、舉動。

兄弟宮：看兄弟彼此之間緣份淺薄，有無助益。

夫妻宮：看感情、婚姻、另一半狀況，彼此緣份淺薄。

子女宮：看兒女間的緣份深淺多寡。

財帛宮：看現金緣、賺錢狀況。

疾厄宮：看健康狀況。

遷移宮：看一個人在外的處世應對、能力表現位，給人的形象與觀感。

交友宮：看有緣接觸的人際狀況位，跟朋友之間的相處器量，待人處事的表現位。

官祿宮：看個人在賺錢能力、工作、行業表現方式，也是運氣位。

田宅宮：看個人在家庭中相處模式，還有出身背景與居住環境。

福德宮：看個人根器、才華、嗜好、興趣、享受位。

父母宮：看與父母、長輩、長者、上司之間相處緣份。

在我的經驗中，就像是帶一個才剛剛學會走路的小嬰兒，馬上要把腳踏車丟給小嬰兒騎相同意思，絕對會跌個大坑小洞，相對於一個完全對命理是空白的人，命理上一些艱澀專有名詞，對這些人來說還是個難度，凡事還是需要個時間，按部就班來準沒錯。

我會針對每個講座，做適當的編排與解說，帶著大家對照命盤上命宮的主星，再加上對宮位的理解，就容易讓大家對紫微斗數有初步的瞭解，也會覺得非常有趣。

例如：命宮有紫微星，就會對任何事情，都抱有強烈好奇心，紫微星也是一顆帝王星，天生就有想掌管大局的志向，凡事都會想佔上方當王當老大；有左輔、右弼星輔佐之下，理所當然有助力，若無吉星輔佐，也只是一顆沒兵沒將的王，孤軍奮戰的孤星，也會因耳根軟，介意他人言語，而影響判斷。

命宮有天機星，會有卓越的策劃能力，對任何事都會有鑽研的精神，也會對哲學、宗教、命理產生相當濃厚興趣。

命宮有太陽星，就像太陽一樣熱情，熱心照顧人，爽快，剛強性格較適合男性，不適合女性。

命宮有武曲星，由於對事情的看法較為主觀，在處理事情上態度較為果斷，也因有稍微性急的缺失，當結果若不如預期得好，會導致想不開，因為在武曲星的字典裡是沒有挫折、失敗。

命宮有天同星，性格溫和、喜享受，對任何事也會像小孩子般天真，好奇嚐鮮嘗試，也因慵懶個性，會三分鐘熱度，無法專精，屬於享樂型。

命宮有廉貞星，個性倔強，據理力爭，不把事情分個青紅皂白絕不罷休，缺點就是只會執著在自己的點，對事態度稍微性急。

命宮有天府星，多才多藝，不會想積極求取功名，只想過悠然安適、自得其樂自在生活，喜歡照顧周圍的人。

命宮有太陰星，對一切充滿浪漫主義，喜歡美的事物。在與人有所爭執時，不會固執己見，會樂於接收他人意見。

命宮有貪狼星，總是無法待在家中，喜歡外出遊蕩。喜愛多變化、刺激新鮮感，不愛一成不變。存在著一股誘惑異性的魅力。

命宮有巨門星，有自己獨特分析理解，對事都主觀判斷，有研究精神，卻也容易與他人有口角，引發爭端而不自知。

命宮有天相星，可能理想多卻是實踐力差。

命宮有天梁星，是喜歡照顧晚輩朋友的人，對上司也會退讓給面子，有著俠客心腸之人。

命宮有七殺星，很有韌性對抗一切磨練，也願意承擔他人困難，較不輕易在他人指揮下輕易妥協，屬於獨立型。

命宮有破軍星，若與他人在見解上意見不同，就會表現出強烈態度，也會想以自己的力量來面對解決問題，由於是變動星，需遠離故鄉得以成功。

命宮有文昌星，理解力強，外貌給人印象佳，文學才華好，擅長語言技巧，表現力卓越。

命宮有文曲星，文筆不錯、口才好、學習能力強，喜愛音樂、星相醫理。

命宮有左輔星，個性敦厚、穩重、對人是無目的慷慨，喜愛照顧他人。

命宮有右弼星，機智、善計畫、善解人意、富同情心、幫助人是會實際行動，不是嘴巴說說。

一定會有識貨人，心裡就冒出一些問號與疑問，是的，紫微斗數的星曜應該不只這些星曜？正統來說有一〇八顆，因為有派別的使用方式，北派飛星紫微斗數只用十八顆主要星曜配合四化，南派紫微斗數會用很多小星輔助。

紫微斗數每顆星曜都有自己的五行屬性，三合派注重星曜的屬性，每顆星曜坐落宮位，會因為與宮位的五行相生與相剋，產生廟旺與落陷。相生就會展現此顆星曜的功能，相剋就會把一顆好的星曜光芒掩蓋，無法發揮功效。

飛星派則注重宮位的飛化，我的見解與中肯建議，則是兩種派別需融合，宮與宮的飛化當中需再加入星曜的屬性，這在形容事件的來龍去脈會更加活潑生動。

不可忽略一些小星的功效，畢竟這是老祖宗流傳下來的學術，它一定有它存在的意義，不可丟棄。瞭解星曜簡易的概念，再配合四化祿權科忌，加上宮與宮的飛化解釋，才能更深入理解。

有時常在想，為何總是可以在命盤裡，發現一些不可思議的現象事先告知對方，讓對方有所預防呢?沒有誰特別厲害，命盤上一定有它獨特命理依循軌跡，只要抓住大方向理論，累積命盤實戰演練，用心付出時間學習，絕對能悟出自己一套方法。

命理是一門非常好的學術，有一套邏輯性，照著正規正矩學習，你會發現它不僅是一門幫助我們趨吉避凶的好工具，還能在學習命理過程中體悟人生大道理。

希望能藉此喚醒大家，跳脫命理宿命因果框架，實際活用在生活中，幫自己的心改變意念，放下沉積已久執著思維，腳步稍作調整，自己做自己人生劇情的導演，自己做自己的主人，人生藍圖會因而不同。

第四節 輕鬆學飛星紫微斗數（2）

繼上篇提到，因為工作的關係，我遇到的幾乎都是對易學常識不懂的人，像這樣的狀況之下，我該如何做到，除了讓現場不冷場，還能讓大家輕易理解紫微斗數呢？從接案到如何下標題與製作文案講義，這都是一個很大的挑戰。

曾提到命宮是在說一個人的思想、行為、能力、舉動，也會因為坐落哪顆星曜，隨著星曜的屬性而有所不同，當然這些命宮的表象行為也會與其他宮位產生對待關係，再加上命宮的宮干四化到其他宮位又會產生變化與利害關係。

命宮的逆排第二宮位緊緊相臨兄弟宮，初步的認定是只會把兄弟宮拿來講男生的兄弟，但相信只要是再繼續深入學習的就會瞭解，兄弟宮是不只單論兄弟而已，也是現金的收藏宮、銀行存款簿……等。

只要有個基本概念，懂得星曜在十二宮位簡略屬性，清楚紫微斗數命盤上十二個宮位代表意思，再配合宮干四化到其他宮位產生變化的解釋，這就又離看懂命盤的腳步邁向前一步。

既然是輕鬆學習紫微斗數，我的第二個選擇，就是帶大家看懂命盤上的另一組符號——生年四化。

生年四化在命盤上是先天與生俱來的一股能量，這四組符號分別是生年祿、生年權、生年科、生年忌。

飛星四化表

天干	祿	權	科	忌
甲	廉貞	破軍	武曲	太陽
乙	天機	天梁	紫微	太陰
丙	天同	天機	文昌	廉貞
丁	太陰	天同	天機	巨門
戊	貪狼	太陰	右弼	天機
己	武曲	貪狼	天梁	文曲
庚	太陽	武曲	太陰	天同
辛	巨門	太陽	文曲	文昌
壬	天梁	紫微	左輔	武曲
癸	破軍	巨門	太陰	貪狼

依照自己生年天干，尋找出專屬於自己的生年四化，至於怎麼找呢？

例如：丙辰年生，就對照上圖天同生年祿、天機生年權、文昌生年科、廉貞生年忌。

例如：甲申年生，就對照上圖廉貞生年祿、破軍生年權、武曲生年科、太陽生年忌。

例如：辛酉年生，就對照上圖巨門生年祿、太陽生年權、文曲生年科、文昌生年忌。

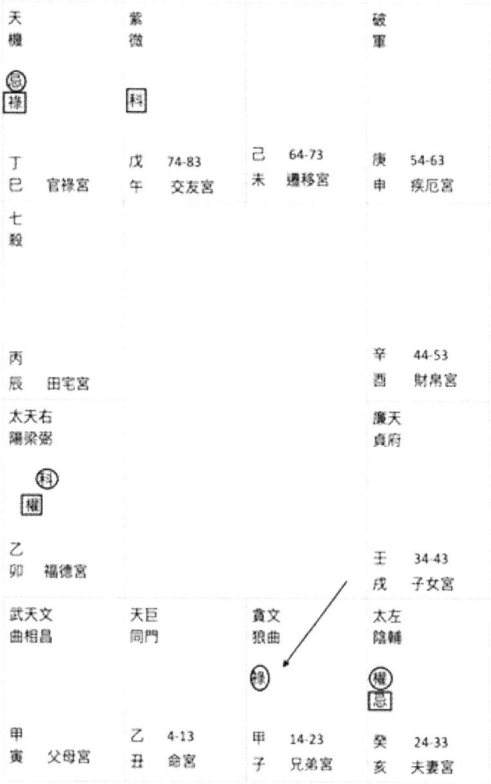

天機 忌 祿 丁巳 官祿宮	紫微 科 戊午 74-83 交友宮	己未 64-73 遷移宮	破軍 庚申 54-63 疾厄宮
七殺 丙辰 田宅宮			辛酉 44-53 財帛宮
太陽 天梁 右弼 科 權 乙卯 福德宮			廉貞 天府 壬戌 34-43 子女宮
武曲 天相 文昌 甲寅 父母宮	天同 巨門 乙丑 4-13 命宮	貪狼 文曲 祿 甲子 14-23 兄弟宮	太陰 左輔 權 忌 癸亥 24-33 夫妻宮

（箭頭所指：此命盤貪狼生年祿坐落在兄弟宮）

生年祿，祿帶給人喜悅、開心、財祿、資源，分處十二個宮位中在人在事的宮位裡，都會有不同的意義。

生年祿在命宮：

一生少煩惱，衣食無憂。個性隨緣不固執、不記恨、好相處、人緣好。

生年祿在兄弟宮：

一生事業、金錢容易多順心，利於升遷創業（成就位）。經濟狀況位得生年祿經濟佳、週轉容易。兄弟姊妹情深，手足之間關係融洽，跟母親的緣份也佳。

生年祿在夫妻宮：

異性緣佳、配偶好商量相處愉快，結婚後會因另一半獲福、較如意。一生的工作運，也會較如意（因祿照事業宮）

生年祿在子女宮：

有子女福、子女聰明、能力好、有才華。合夥容易賺錢，也比較有合夥機會。離家機會多，也喜歡往外跑。

生年祿在財帛宮：

能夠自立謀生、創業賺錢，賺錢機會相對也變得多。與錢財有緣、有時也未必是自己賺來的，是經由長輩贈與。現金緣好，就較適合做銷售、業務分紅性質工作、現金來往生意。

生年祿在疾厄宮：

容易懶散、隨遇而安、不夠積極，好商量。在物質生活上也會有較優渥的條件享受。也因為家庭環境佳，家運好，造就個性少操心，有好情緒。在身材上，也要注意會容易發胖現象。

生年祿在遷移宮：

容易逢凶化吉、如意順遂、心想事成。在外人緣好、出外機會也多，所以更適合朝公關、業務分紅工作。若是才華星、宗教星（貪狼星、天梁星、天機星、廉貞星），代表眾生緣厚，有根器、智慧、天份。

生年祿在交友宮：

和善對待朋友，給人愉悅、好客，所以更容易獲得人際上的幫助，也會多結交到益友。

生年祿在官祿宮：

工作機會多，也容易找到自己喜歡的工作。在工作上順心如意。因事業宮是夫妻的遷移宮，所以也代表配偶開朗、外緣不錯。

生年祿在田宅宮：

住宅環境佳，房子大與舒適，地段好、值錢，適合店、家合一。與家人相處融洽，不動產緣好，容易早置產或得助置產。逢貪狼星、破軍星、廉貞星、太陰星，可從事不動產投資。

生年祿在福德宮：

個性樂觀、少計較，好情緒。興趣廣、福報好、常心想事成。適合從事興趣、旅遊、心靈、藝術、文化等工作。

生年祿在父母宮：

好脾氣、善於表達、識大體、見多識廣。學習緣好利於念書、考試、公職、證照取得。長輩緣好，父母好溝通。

天機 忌(圓圈) 祿(方框) 丁 巳　官祿宮	紫微 科(方框) 戊　74-83 午　交友宮	己　64-73 未　遷移宮	破軍 庚　54-63 申　疾厄宮
七殺 丙 辰　田宅宮			辛　44-53 酉　財帛宮
太陽 天梁 右弼 科(圓圈) 權(方框) 乙 卯　福德宮			廉貞 天府 壬　34-43 戌　子女宮
武曲 天相 文昌 甲 寅　父母宮	天同 巨門 乙　4-13 丑　命宮	貪狼 文曲 祿(圓圈) 甲　14-23 子　兄弟宮	太陰 左輔 權(圓圈) 忌(方框) 癸　24-33 亥　夫妻宮

（箭頭所指：此命盤太陰生年權坐落在夫妻宮）

生年權，權帶給人企圖、領導、開創、果斷、能力。

生年權在命宮：

積極、能幹、有領導能力之才華。

生年權在兄弟宮：

積極利於開創事業，也容易在事業、金錢上有所成績。領導能力不錯。

生年權在夫妻宮：

配偶主觀意識強。一生工作運強，因權照事業宮。

生年權在子女宮：

子息緣旺，容易合夥有成就。適合向外發展、賺錢。

生年權在財帛宮：

適合業務開發、領導工作，或專業、技術性、分紅薪水。

生年權在疾厄宮：

身體結實、抵抗力強。比較有活力，愛運動。

生年權在遷移宮：

積極、果斷、有自信、應變能力佳。在外適合領導、開創。

生年權在交友宮：

容易交上能力好、有所成就的朋友。

生年權在官祿宮：

積極開創事業，善於領導工作。

生年權在田宅宮：

開拓財富，也容易創業，逢偏財曜也可從事不動產行業。

生年權在福德宮：

積極、有自信、企圖心強、慾望高。

生年權在父母宮：

容易得理不饒人、個性太倔強。利於讀書、考試、公職、考證照。

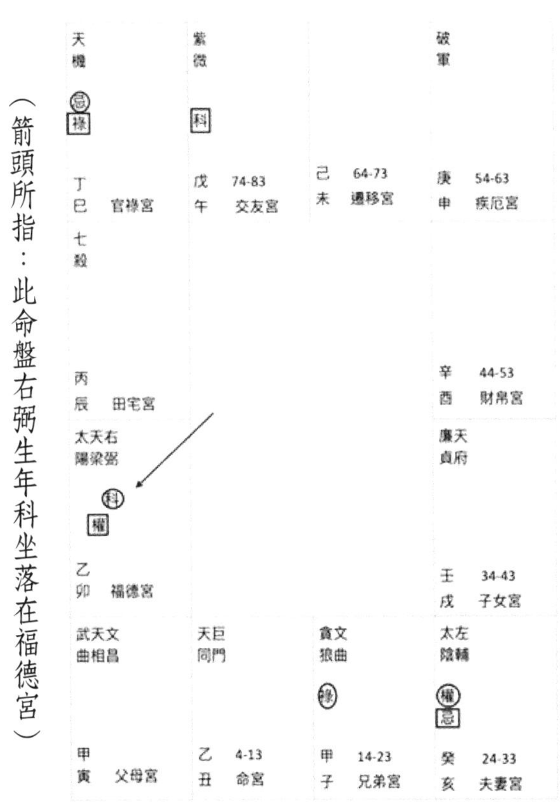

（箭頭所指：此命盤右弼生年科坐落在福德宮）

生年科，科帶給人斯文、內涵、商量、有貴人。

生年科在命宮：長相斯文、秀氣、個性也較溫和，待人處世知情達理。

生年科在兄弟宮：兄弟中會有文質彬彬的個性。

生年科在夫妻宮：配偶秀氣。

生年科在子女宮：小孩長得秀氣，也較乖巧。

生年科在財帛宮：收入不高、剛好夠用，宜上班族。

生年科在疾厄宮：易得良醫或良藥、身體上的貴人。行為舉止斯文。

生年科在遷移宮：讓人感覺秀氣、高雅，形象好。在外有貴人。

生年科在交友宮：少有不良嗜好朋友，朋友多溫文儒雅。

生年科在官祿宮：工作上有貴人。宜做文職或企劃工作。

生年科在田宅宮：住家不大，但家中充滿書香氣息或簡樸。

生年科在福德宮：個性平和、有內涵、品味。臨急有貴人。

生年科在父母宮：謙和、談吐斯文。有氣質、修養。

天 機 忌 祿 丁 巳　官祿宮	紫 微 科 戊　74-83 午　交友宮	己　64-73 未　遷移宮	破 軍 庚　54-63 申　疾厄宮
七 殺 丙 辰　田宅宮			辛　44-53 酉　財帛宮
太天右 陽梁弼 科 權 乙 卯　福德宮			廉天 貞府 壬　34-43 戌　子女宮
武天文 曲相昌 甲 寅　父母宮	天巨 同門 乙　4-13 丑　命宮	貪文 狼曲 祿 甲　14-23 子　兄弟宮	太左 陰輔 權 忌 癸　24-33 亥　夫妻宮

（箭頭所指：此命盤天機生年忌坐落在官祿宮）

生年忌，忌帶給人擔憂、付出、欠債、承受。

生年忌在命宮：

個性執著、固執、難溝通。

生年忌在兄弟宮：

收入不高或支出多，多為上班族或現金小生意者。兄弟易是較執著難溝通，或手足緣較薄，容易為兄弟付出。

生年忌在夫妻宮：

配偶個性較固執、不容易溝通。欠婚姻、感情債，防遇人不淑、要慎選對象，晚婚為宜。適合上班安穩或現金事業（沖事業）。

生年忌在子女宮：

小孩較固執，難溝通。自己也容易在家待不住，沖田宅。

生年忌在財帛宮：

比較保守、節儉。親力親為，常為想賺錢而感到煩心（忌沖福德宮）

生年忌在疾厄宮：

勞碌不得閒，自我意識較濃，與人相處不夠融洽，少顧及對方感受。

生年忌在遷移宮：

個性內向、忘性，不善察言觀色，容易實話實說，因城府淺吃虧不討好。不得冒險、投機取巧。

生年忌在交友宮：

對朋友惜情、付出。理財不得要領，因沖兄弟宮（庫位）。

生年忌在官祿宮：

工作忙碌或壓力重，工作時間長。對事專注，凡事必躬必親，老闆兼夥計。

生年忌在田宅宮：

生活的壓力，還有對家庭的責任心重。守成、儉約、顧家、內斂、勤快，辛苦起家，也能守祖業。

生年忌在福德宮：

因重享受敢花錢，而少了金錢概念。適合專業性研發、設計等興趣。少投機與沾染不良嗜好而沉迷。容易杞人憂天、器量小。

生年忌在父母宮：

表情嚴肅、不善察言觀色、不善表達，容易得罪人，長輩緣差。父母個性固執、不好溝通。容易有房貸、戶籍、稅單、證件、支票、罰單等文書問題。

此篇粗略介紹生年四化的用途，方便初學者輕鬆入門，在學習上能再往前進步一小步，祝福各位。

第五節　輕鬆學飛星紫微斗數（3）

還是繼續延續簡單明瞭，盡量不帶艱澀名詞，輕鬆帶大家看懂斗數命盤符號，怎麼使用、怎麼分析才能恰到好處。

學斗數可不能不看懂坐落在命盤上的生年四化跟命宮四化，一組符號生年四化是代表先天，一組符號命宮四化是代表後天。

先天四化無法選擇已是既定，那麼就好好探討這個與生俱來的生年祿（好處）和生年忌（課題）會在命盤上產生怎樣的變化，然後在我們生活中造成何種影響。

以我慣用的手法，倒是想建議大家試著用生年祿與生年忌藉由轉忌動作帶到下一個宮位，可以瞭解好處與課題是與哪個宮位相串連，有何連帶效應？

轉忌只是一個名稱與形容詞，如何轉忌，可以看著上圖忌的表格，知道甲天干是轉忌到坐落太陽星耀的宮位，乙天干是轉忌到坐落太陰星曜的宮位，丙天干是轉忌到坐落廉貞星曜的宮位。

怎麼落實轉忌呢？

以下圖例解說：

辛巳 遷移宮	天機 科 壬午 疾厄宮	紫微 破軍 癸未 財帛宮	甲申 子女宮
太陽 祿 庚辰 交友宮			天府 乙酉 夫妻宮
武曲 權 己卯 官祿宮			太陰 科 祿 丙戌 兄弟宮
天同 天梁 文曲 忌 權 戊寅 田宅宮	天相 己丑 福德宮	巨門 文昌 忌 戊子 父母宮	廉貞 貪狼 左輔 丁亥 命宮

右圖：

太陽生年祿在交友宮：和善對待朋友，給人愉悅、好客，所以更容易獲得人際上的幫助，也會多結交到益友。說明本人很有人緣，會有一群正向與陽光般熱情的朋友群相伴，而這個生年祿，我們若想瞭解可以衍生多少好處呢？

當然就必須藉由坐落在交友宮的庚宮干，繼續轉忌到下一個宮位，庚天干是化天同忌到田宅宮（請記得對照四化表）。生年祿因為轉忌的關係也帶到了田宅宮，所以田宅宮也會有生年祿的福，這個家族是充滿熱鬧氣氛，人來人往人氣十足，像這樣的命盤，除了做家族生意，也非常適合開店面經營生意。

以上就是生年祿轉忌到下一個宮位的解釋說法，由於是輕鬆學斗數篇，就不再繼續第三宮位追祿探討。

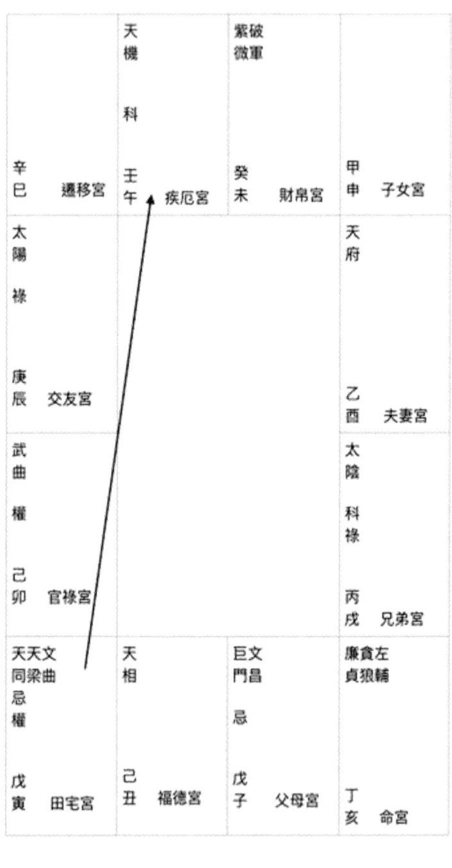

右圖：

天同生年忌坐落在田宅宮：生活的壓力，還有對家庭的責任心重。守成、儉約、顧家、內斂、勤快，辛苦起家，也能守祖業。

生年忌需再度轉忌到下個宮位，才能清楚知道會造成何種困擾，經由田宅宮的戊宮干化天機忌轉忌到疾厄宮。可以得知命盤主人，勢必要好好擔起對家庭的責任，也要學習與克服，在家裡會因為自己溝通協調能力不足造成糾紛，這些掏心折磨會讓命盤主人身心俱疲、腦神經衰弱。

生年「忌」既然是課題，也是該提早去面對。倒是可以幫此張命盤主人放下心，因為串連下去的宮位不多，表示問題不大，責任心太重，就是給自己壓力，一切來自於自己心的轉念，適時的取捨，不要跟自己過意不去。

每張生命藍圖，給每個人的人生課題皆不同，也架構出一齣精彩劇碼，當你知道我是誰？你一定開始在思考我該怎麼做會讓自己變得更好。

當你清楚自己的定位在哪，也知道自己存在生命的意義，就不會膚淺的認定紫微斗數是算命或者是宿命論。

決定一個人富貴貧賤的關鍵，是一個人的心，心的動力會讓自己做出改變與成長，當行為改變，你的未來也間接改變，不會侷限在小我之中。成功的人，你會發現他們身心一致，話語、態度與肢體語言自然傳遞出獨特魅力。

若不想一輩子庸庸碌碌，就需要好好檢視生活中的人際關係，好好整理清理，改把心思放在自己在意的地方；別總是在為別人活，即使充滿怨言也不敢吭聲、付諸行動，很多關係就在無形中已經慢慢侵蝕與破壞你原本該走的路線，阻礙你的前進。

紫微斗數是一門工具，也是一部道盡人生喜怒哀樂、悲歡歲月人生哲學，是讓我們拿來觀照自己，並且觀照自己跟他人的關係和不和諧，在身處的職場與環境中，還需要做些什麼樣的調整方式，讓我們往更好的生活品質邁進。

從此你會對紫微斗數改觀，因為你已經在學習紫微斗數的過程中領悟，然後很感性與理性的思考，自己要如何規劃自己的人生藍圖，完成這一生的使命與課題，而不是被傳統的框架束縛，認為永遠擺脫不開命運的枷鎖。

以上簡略帶大家學習生年祿與生年忌的使用方式，一開始的學習，千萬別給自己太大的壓力與貪圖求快，一步一腳印努力把根紮穩。

第六節 輕鬆學飛星紫微斗數（4）

在輕鬆學習飛星紫微斗數的幾篇文章內容裡，迫切想傳遞給大家的訊息，是讓大家能在一開始接觸紫微斗數時，是在開心愉快的氛圍之下，輕鬆地在腦袋植入一些基礎的邏輯與概念。

先天是生年四化，後天即是命宮四化；此生如何運作，也帶著自己現階段的意念存在其中。或許先天定數有著無法改變的事實與難處在，但是現在的你，絕對是有掌控未來人生軌道的能力。

人可以藉由命盤瞭解自己進而改變自己，怕的就是自己的執著不肯認錯省思，總帶有主觀意識自以為是，只想照著自己的感覺走；想贏得掌聲，卻又懼怕得不到別人的認同有所失落，這所有一切惱人的情緒不就是來自於我們這顆調皮不受控制的心。

我們的這顆心到底在想些什麼，又是在執著什麼呢？
是否就如命盤上的忌，正在執著命盤上的哪些宮位呢？
而這樣的執著心念又會引動出哪些行為呢？
當行為產生後又會轉變成什麼樣的結果呢？
最後，這個結果會是你願意接受與想要的嗎？
這些種種……猶如命盤上某個宮位化忌到某宮位，又轉忌到某個宮位後，整個串連連帶效應，最終因爲念頭引發行為產生結果。
說到此生的你，到底喜歡什麼呢？又或者是正在執著什麼呢？
喜歡或執著又會為此時此刻的自己，是帶來豐盛的果實，還是害自己跌入罪惡的無底洞呢？
命宮是一張命盤的主軸，以個人為中心，凡事都離不開這個中心串連點，我們可藉由命宮的四化，祿、權、科、忌來探討與瞭解，以左圖範例解說。

巨門 己巳 交友	廉貞 天相 文曲 忌 忌 午 遷移	天梁 科 辛未 疾厄	七殺 文昌 科 壬申 財帛
貪狼 左輔 權 戊辰 官祿			天同 祿 癸酉 子女
太陰 丁卯 田宅			武曲 右弼 祿 甲戌 夫妻
紫微 天府 丙寅 福德	天機 權 丁丑 父母	破軍 丙子 命宮	太陽 乙亥 兄弟

此張命盤：

命宮化天同祿到子女宮，對於小孩與晚輩會特別關愛呵護，轉貪狼忌到官祿宮逢貪狼生年權，在二〇二〇年時運走到會萌生想投資事業的念頭，也會有人邀約合夥現象；而在觀看祿的走向或許會讓人有些誤導看盤的觀點，表面雖看似不錯卻又隱藏些許危機。

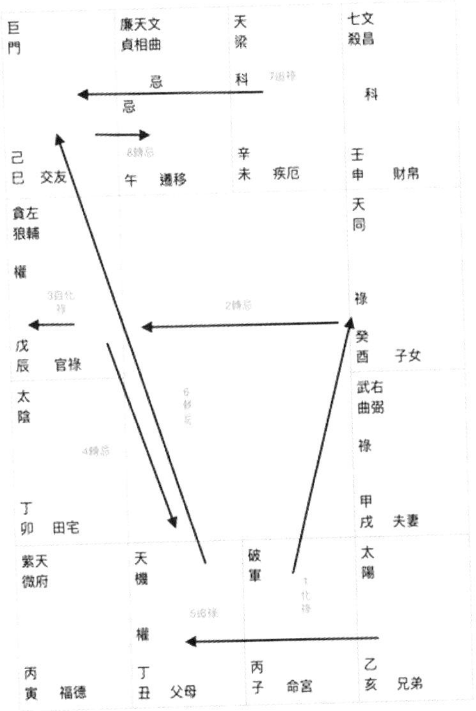

為何會有危機呢？待會兒與大家分析，這也是在叮嚀大家看命盤時，不能只單看一個面向的原因。

當轉到官祿宮，官祿宮自化祿，較適合短期回收，不適合投資重本，逢自化祿再度轉天機忌到父母宮又逢命宮的權，本身會有與學術相關方面的專業技術，兄弟宮追祿到父母宮，成就與專業是不容小覷，一定是讓人稱羨。

追祿後再度轉忌到交友宮，在自己的專業領域中，會有一群同好，逢疾厄宮再追巨門祿到交友宮，命盤主人也樂於跟這群好友解說彼此工作上的需求，更願意將自己的專業與之分享，最終轉文曲忌落到遷移宮，在相處上還算融洽適當。

以上根據命祿的飛化，簡單說：此張命盤主人會有一份不錯的職業。

為何會有危機？是遷移宮雙忌的關係，個性使然、較不懂得變通。

出門在外做生意，絕對需要有擔當、做事果斷，處事圓融、面面俱到；個性耿直絕對只有吃悶虧的份，加上田宅格局飛化還可以，真不建議做生意投資。

真要做生意倒是可以聽聽另一半的意見，由另一半代為託管，或者白紙黑字講好條件，單純賣自己的專業以分紅為主。

我常常說：命盤有時非常討厭，就是會偶爾丟個小陷阱，讓人不由自主往下跳，人都不知突然哪來的信心與美夢，就這樣咚的跳還挺開心。唉！這一跳可不知道要拿多少金銀財寶來填補這無底洞，眼淚不禁潸然落下。

接下來看命宮的化權。

此張命盤：

巨門 己巳　交友	廉貞 天相 文曲 忌 忌 午　遷移	天梁 科 辛未　疾厄	七殺 文昌 科 壬申　財帛
貪狼 左輔 權 戊辰　官祿			天同 祿 癸酉　子女
太陰 丁卯　田宅			武曲 右弼 祿 甲戌　夫妻
紫微 天府 丙寅　福德	天機 權 丁丑　父母	破軍 丙子　命宮	太陽 乙亥　兄弟

命宮化天機權到父母宮，天機星曜代表人物是封神榜姜子牙，天機的特性是機智帶點策劃、計謀，父母宮也是文書宮位，也可以說此人聰明會讀書與適合學習技能。

命宮化權到父母宮會有不服輸的個性，也要慎防個性直衝，得罪人不自知。

在此小叮嚀，飛星紫微斗數的祿與忌適逢追祿與追忌才能再度轉忌到下一個宮位，權與科是不轉忌。

常有人問我，斗數好學嗎？一定要有根器才能學嗎？當然，根器好在學習上總是會比沒根器的人學得快，也常會有莫名靈感浮現腦海，連自己都無法相信會說出如此準確震撼的話語！

學得好或者學得不好，都不是一開始要擔心的事，而是你把這美麗的學術定位在哪呢？

如果無法放下內心的執著與貪念，絕對無法體會出存在這美麗學術中的人生大道理，就只能跟在一群買廣告行銷與自稱通靈的命理大師屁股後，繼續聽著一堆謊言然後奉獻鈔票改名改運改風水。結果花了一堆錢，在自己身上也沒得到所謂的改善，有時還更慘，偏偏人就是要被狠狠打擊或吃過一次大虧才會清醒。

「名師」未必是「明師」，而「明師」都未必是永遠的「明師」，有可能也漸漸變「迷失」了！

那就自己當自己的明師吧！人生的幸福是要靠自己掌握，所謂知己知彼，百戰百勝，手上有斗數這門學問，是比別人多了一個籌碼，這是一個優渥資源。學斗數也是一個選擇題，就看你要跟不要，願意付出多少時間去努力學習，千萬別再說斗數不好學？

學習紫微斗數只要抓緊幾個理論重點，善用技巧不斷演練實際命盤，有一天你也會變成自己的明師。何謂技巧呢？像利用化權輔佐看命盤的方向，也是技巧之一，看好處就順便看看哪一宮位能追個同星曜的權來襯托，打個比方：這個能有一百元的回饋，搞不好因為權的助力變成兩百元，又能在極快速的時間得到，看壞處則反之類推。

當你的心夠清楚透徹，在看命盤的角度也會比別人精準，就不會明知山有虎，偏向虎山行，千萬別再把過錯怪在因果或命盤上，命盤裡有很多人生大智慧等你挖掘，命盤是幫助我們認識自己，清楚知道自己有哪些缺陷，改變未來的關鍵就在你身上。

此張命盤：

巨門 己巳　交友	廉貞 天相 文曲 忌 忌 午　遷移	天梁 科 辛未　疾厄	七殺 文昌 科 壬申　財帛
貪狼 左輔 權 戊辰　官祿			天同 祿 癸酉　子女
太陰 丁卯　田宅			武曲 右弼 祿 甲戌　夫妻
紫微 天府 丙寅　福德	天機 權 丁丑　父母	破軍 丙子　命宮	太陽 乙亥　兄弟

命宮化文昌科到財帛宮，本身對於錢財要求不大，也適合賺學術專業財。

此張命盤：

巨 門 己 巳　交友	廉天文 貞相曲 　忌 忌 庚 午　遷移	天 梁 科 辛 未　疾厄	七文 殺昌 科 壬 申　財帛
貪左 狼輔 權 戊 辰　官祿			天 同 祿 癸 酉　子女
太 陰 丁 卯　田宅			武右 曲弼 祿 甲 戌　夫妻
紫天 微府 丙 寅　福德	天 機 權 丁 丑　父母	破 軍 丙 子　命宮	太 陽 乙 亥　兄弟

命宮丙天干化廉貞忌到遷移宮，觀察力較不敏銳，屬於後知後覺型，就是容易吃虧上當；轉天同忌到子女宮，子女宮是田宅宮的遷移宮，也屬於在外面，此人在外就是比較容易因為自己憨厚個性，做了不當言詞談論，遭來白眼。

即使內心沒那個不好念頭傷害對方，卻因為不適當表現、言論、讓對方誤解，結果落得傷害的是自己的玻璃心。

這樣看下來，做人真是難啊！

想要對別人好，也是要學會懂得看人臉色，並不是每個人都會懂得珍惜你對他的好。

此生進行式，命宮的四化，就是在說明個性有優點也有缺點，要學會拿捏尺寸，把自己的個性稍做調整，喜歡就會樂於去嘗試，不辭辛苦；執著不屬於自己的，就有可能必須付出相當代價，怎麼來的「因」就會結怎樣的「果」。

人生在世不怕做錯事，就怕執迷不悟一錯再錯，當有人丟了繩子想要解救時，別為了自己私心執著與面子撥開救命繩，寧願跌入無底洞，做著無謂的垂死掙扎。

身處在這個大環境中，難免都會遇到一些瑣事，事可分大事或小事，可以順利解決或者難以解決，提到順不順利，就讓我想到遷移宮的威力，遷移宮若沒有串連多忌影響，做起事來勢必得心應手，即使遇到狀況也會大事化小事，小事化無事，說到這好處現象，我可就挺有心得感受。

因為我的遷移宮是化祿到命宮，馬上發揮大大功效，就有如在外時常有貴人相助。而遷移宮化忌到命宮，我看過的命盤中，真的就是鳥事特別多，或者無妄之災常找上門。

那遷移宮有如此方便利益人之說，是否要放對地方呢？當然是如此，如果我可以直接幫自己改宮位，鐵定要把遷移宮的祿轉飛向田宅宮，田宅宮可是命盤中的大金庫啊！遷移宮化祿到田宅宮會有家族資助或直接贈與家產，少奮鬥幾十年，堪稱人生勝利組。

遷移宮也稱EQ位，屬在外處事應對宮位，有祿當然在與人相處時就圓融，有忌則是在與人相處時不懂得變通，當然就比較吃虧。看盤時先往遷移宮瞧瞧，遷移宮的四化是落到哪些宮位？在這些宮位上是可以為自己帶來哪些好處，這絕對是看盤的重點之一。

第七節 簡易飛化範例

在這篇想要再加深大家一些基礎的飛化觀念邏輯，初學者可以簡單幾宮的飛化，瞭解一張命盤裡基本宮與宮的連結想要呈現的意境，在這些連結的宮位中，有何蛛絲馬跡可供參考，讓我們能輕鬆避開一些無謂的困擾與險境。

（一）

以下兩張盤同是坐天機生年祿在遷移宮，需在外與眾生結緣的藝術家，我們來看看有何差別。

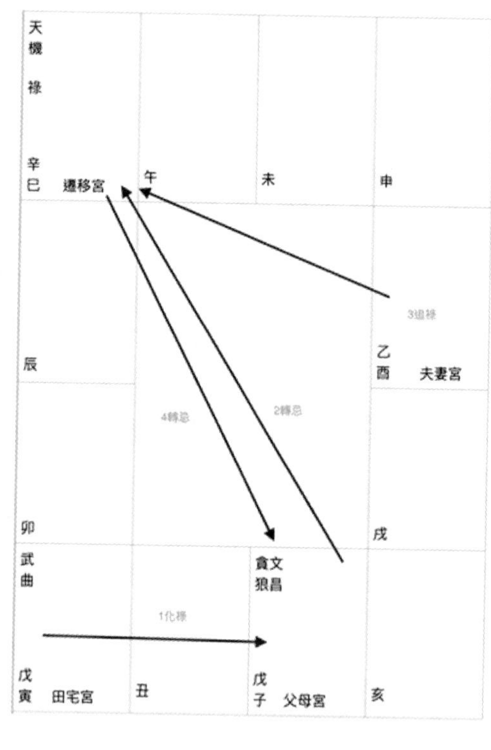

田宅宮化祿父母宮家族和樂，轉忌遷移宮逢天機生年祿容易置產家族興旺，夫妻宮追祿轉忌父母宮，會有一群異性支持者，作品得人讚賞，人氣就是錢脈。

巳	天機 祿 壬 午　遷移宮	未	申
辰			酉
武曲 文曲 自化祿 自化忌 己 卯　田宅宮			戌
寅	丑	子	亥

此張田宅宮自化祿空有其表、表象好看，田宅宮自化忌出易漏財、不穩定。

雖然同是天機生年祿坐遷移宮，只要以田宅宮立太極就可以釐清兩張命盤的差別，一樣是藝術家未必是同樣收入，還是有等級區分。這就是我們常在說，人比人氣死人，同樣是人為何際遇卻不同，到底是他們比我更有危機意識懂得風險規劃，還是前世有燒好香？

田宅宮不只是看家產、不動產之類，也能告訴我們命盤現階段是穩定狀態，還是處於變動，記得在田宅宮這宮位下點心思瞧瞧，不要單以為只看資產。

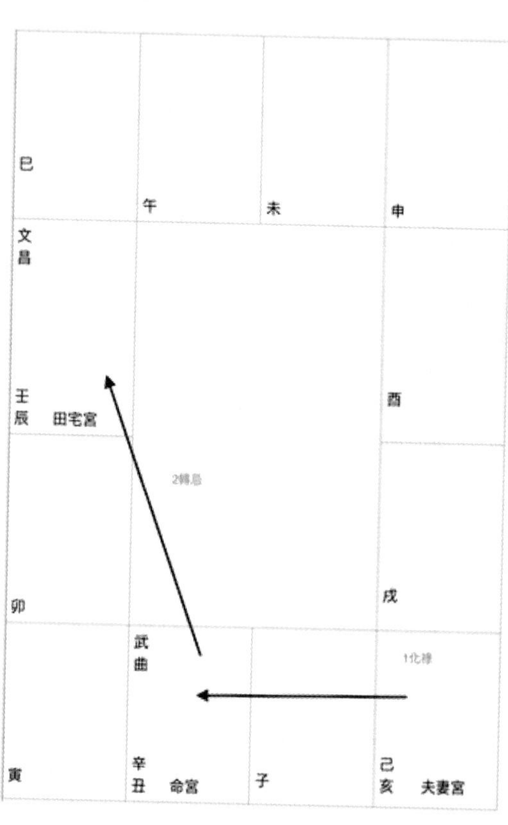

（二）

夫妻宮化武曲祿到命宮，轉忌到田宅宮，代表遇到的另一半都是會很大方主動拿錢給命主，對命主百依百順，大方一點或許會送房子，也有可能一結婚就買房子。

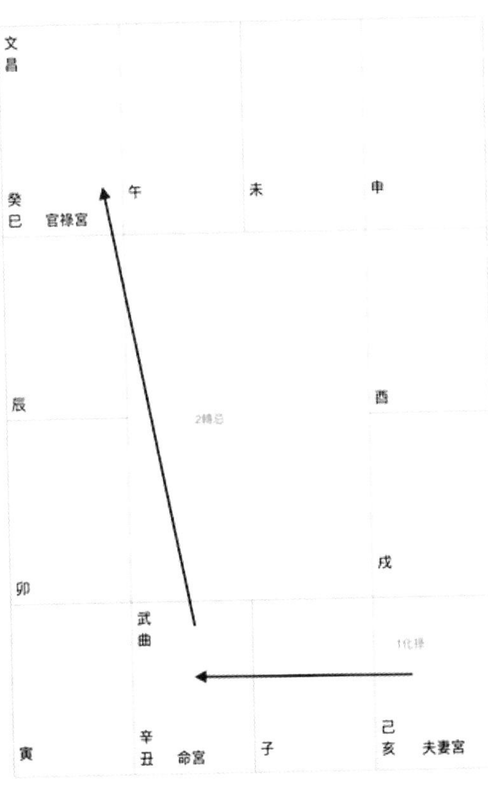

夫妻宮化祿命宮，轉忌官祿宮。文昌星不能再追祿，夫妻宮化的祿僅於三宮，與異

性的好緣也不長久，異性對命盤主人的好與金錢上的幫助，也只會是短暫與工作上的資助。

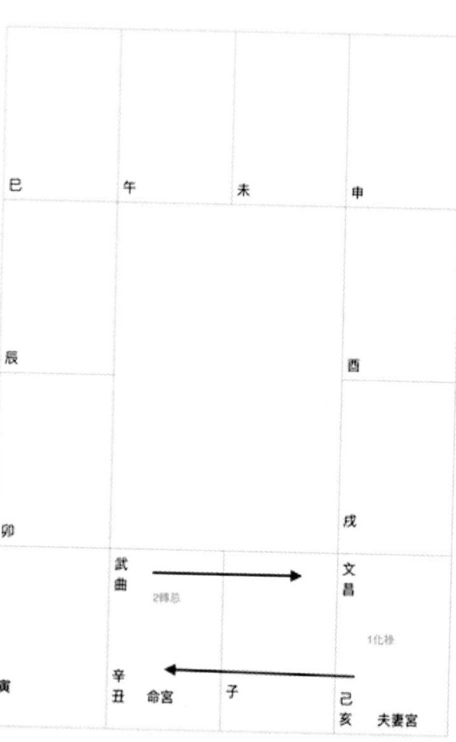

夫妻宮化祿命宮轉忌回夫妻宮，表示此人即使受到另一半的恩惠與給予，還是願意再把金錢送回，並不會佔為己有。

以三張命盤同樣是夫妻宮化武曲（金錢）祿到命宮，當轉忌後的結果，命運全然不同，這就是我想用簡單的飛星紫微斗數飛化手法，讓大家加深印象觀念。

三毛曾說過：「愛情如果不落到穿衣、吃飯、睡覺、數錢這些實實在在的生活中去，是不會長久的。」愛情可以天真浪漫，婚姻卻是踏踏地地現實的，還真是妳得先看清楚了才能走進去。

好的男人絕對值得妳花時間去等待，當妳飯桌上吃不完的飯菜，他會幫妳吃完剩下的飯菜，當你們吵架，但晚上還是很樂意為妳蓋棉被，明明妳煮的菜不好吃，但他還是通通吃乾淨。

一開始就沒有想過要給予對方溫暖的感受，迎面而來的不會是愛情，會是兩顆浮躁、互相折磨受傷的心；在互信的關係破滅下，每個問題背後都存在一個血淋淋慘痛故事。然而，我們能在這些故事當中發現轉變的契機與磨練的機會嗎？

每個看似微不足道的改變與習慣，都可能顛覆原本的生活，也極有可能是人生大轉彎的契機。婚姻想要走得長久，並不能只靠單方面的付出與忍耐，是要禁得起生活中的雞毛蒜皮煩事壓榨，還要耐心看待與解決。

（三）

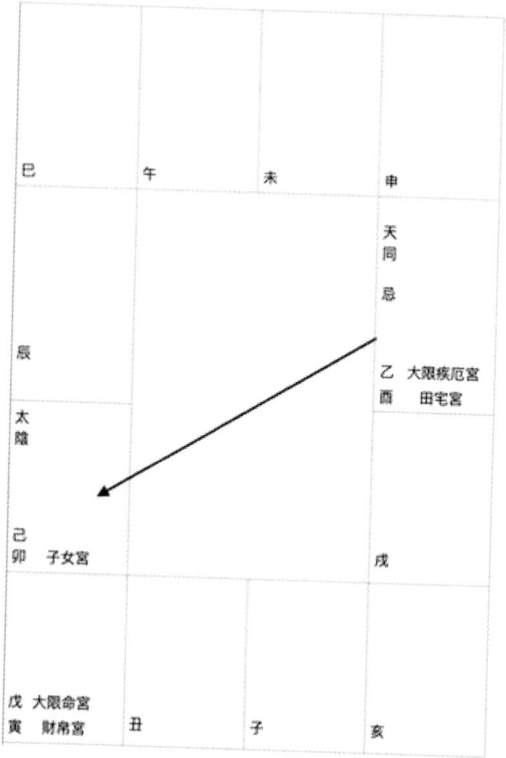

巳	午	未	申
辰			天同 忌 乙 大限疾厄宮 酉 田宅宮
太陰 己 卯 子女宮			戌
戊 大限命宮 寅 財帛宮	丑	子	亥

這大限疾厄宮坐天同生年忌，直接忌出到對宮，會有突發狀況，在這大限身體會出問題，今年二〇二二年大限疾厄宮（地）也是流年疾厄宮（人）與本命田宅宮（天），可以推論身體無法待在家裡，就是跑醫院。天同忌小至感冒不斷，大至免疫系統下降，病花大錢免不了，本命田宅直接忌出對宮都是花大錢徵兆。

凡宮位有自化現象，即觀看是坐落什麼本命宮位、大限宮位、流年宮位，可以這重疊的三宮位下去推測，這也是一個看法，如果你更懂得飛化，那就能串出結果，找出原因所在。

（四）

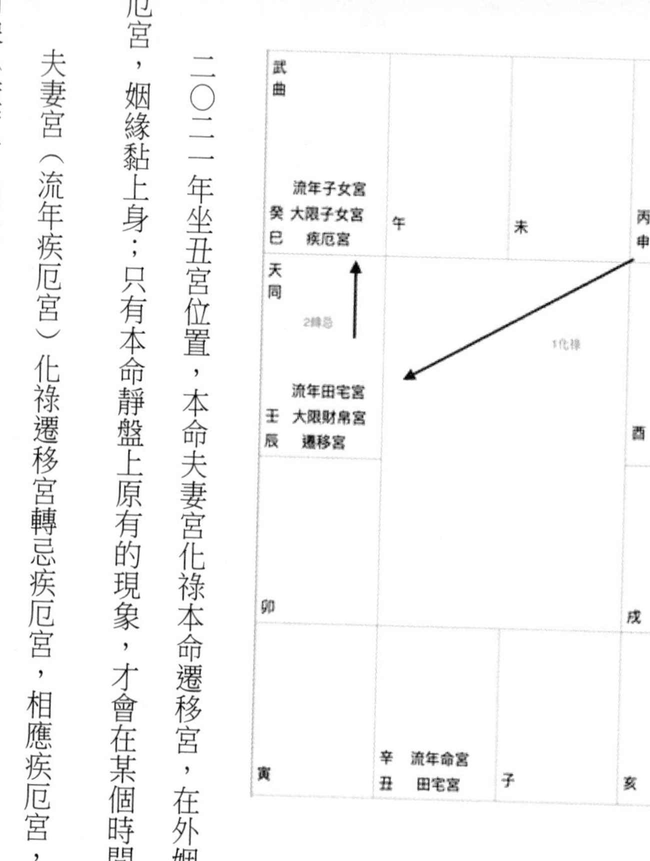

二〇二一年坐丑宮位置，本命夫妻宮化祿本命遷移宮，在外姻緣浮現，轉忌本命疾厄宮，姻緣黏上身；只有本命靜盤上原有的現象，才會在某個時間點發生。

夫妻宮（流年疾厄宮）化祿遷移宮轉忌疾厄宮，相應疾厄宮，可以推測這年有追求對象（證實有追求者），至於成不成婚，就要再追論。

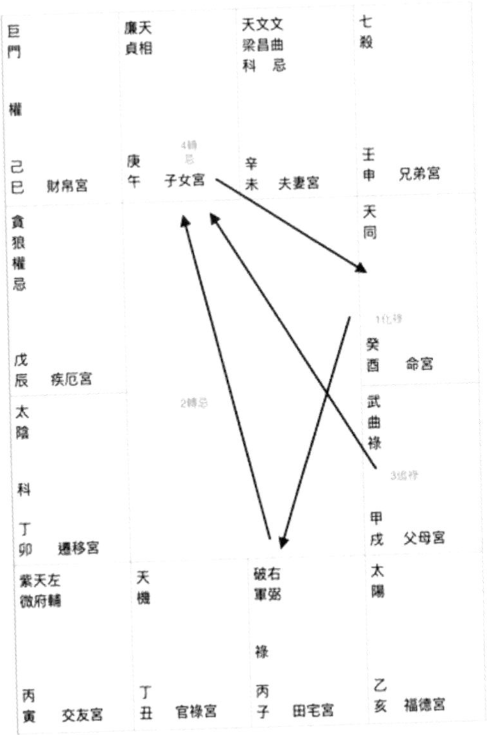

巨門 權 己巳 財帛宮	廉貞 天相 4轉忌 庚午 子女宮	天梁 文昌 科 文曲 忌 辛未 夫妻宮	七殺 壬申 兄弟宮
貪狼 權 忌 戊辰 疾厄宮	2轉忌		天同 1化祿 癸酉 命宮
太陰 科 丁卯 遷移宮			武曲 祿 3追祿 甲戌 父母宮
紫微 天府 左輔 丙寅 交友宮	天機 丁丑 官祿宮	破軍 右弼 祿 丙子 田宅宮	太陽 乙亥 福德宮

命宮化祿入田宅，喜歡享受天倫之樂，注重家庭和諧。化祿需轉忌，轉廉貞忌到了子女宮。也是跟家跟小孩極有緣份，也適宜合夥，但未必賺錢。個性也喜歡往外跑，轉忌後需再度追同星曜的祿，才可繼續轉忌下去。藉由父母宮追廉貞祿到子女宮。目前這四宮飛化可看出命主對家庭的付出是盡心盡力，家庭三代關係密切，和樂融融。

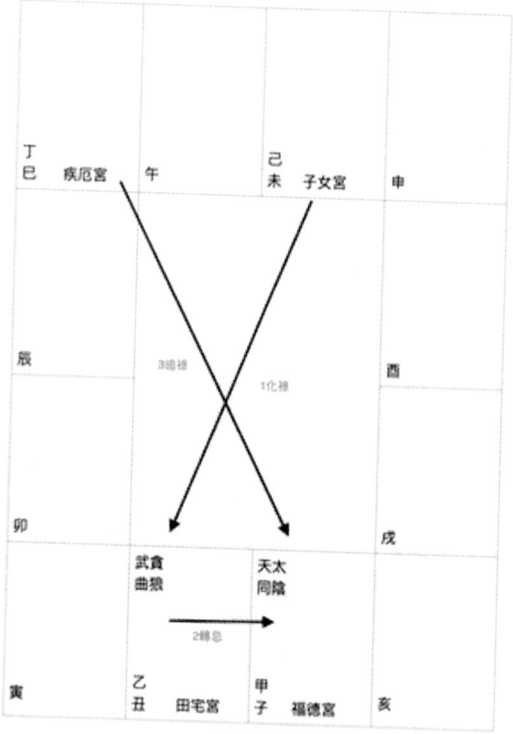

丁 巳　疾厄宮	午	己 未　子女宮	申
辰	3追祿	1化祿	酉
卯			戌
寅	武貪 曲狼 2轉忌 乙 丑　田宅宮	天太 同陰 甲 子　福德宮	亥

你一定好奇，為什麼怎麼也看不見這張盤會特別喜歡小孩呢？

看命盤時，在論喜歡要看程度，有些人是因為自己沒有，而產生羨慕（我們要以時事環境來看命盤解釋，這樣會更貼近生活）。

並不是只有看命宮的化祿就代表喜歡，代表一切。子女宮是空宮，也不能代表沒小孩？只能說不容易，不能直接否定沒小孩的。其實這張盤以子女宮的飛化，還是有機會的。

這張命盤是因為缺少，如果能有了小孩來，當然也不錯。子女宮化祿到田宅宮轉忌到福德宮，是會讓命盤主人開心，疾厄宮追祿到福德宮，身體力行對小孩好，這種人開心抱到手痠也樂在其中。

所以不一定只能以命宮化祿到子女宮才是疼小孩的論點，看盤即是如此，有時別想得太複雜，也許就是這麼簡單。

第八節　一六共宗

儒家提倡人和人之間對待關係，有所謂的五倫，即君臣、父子、兄弟、夫婦、朋友，也並列在我們的命盤上，這樣的關係充斥在我們身邊，能把這些關係處理遊刃有餘，也表示命盤無障礙、會有豐收的果實。如果只是一味認定宿命不可違，不想改變現狀，只會讓自己陷入更深的坑洞。

在看命盤時，可以再把一、六共宗原理套上，要有一個觀念六宮（疾厄宮）的宮位不好，一宮（命宮）不會好與順利，常常在命盤上逆推宮位練習，能幫助加深看命盤邏輯性。

當學習順手後，可以再繼續衍生借盤宮位的推演，例如：以夫妻宮立太極，本命子女宮就是借盤後，夫妻宮的兄弟宮，從借盤後的子女宮去看另一半夫妻宮未來成就。本命命宮就是借盤後，夫妻宮的福德宮，從借盤後的福德宮去看另一半的潛在意識想法。

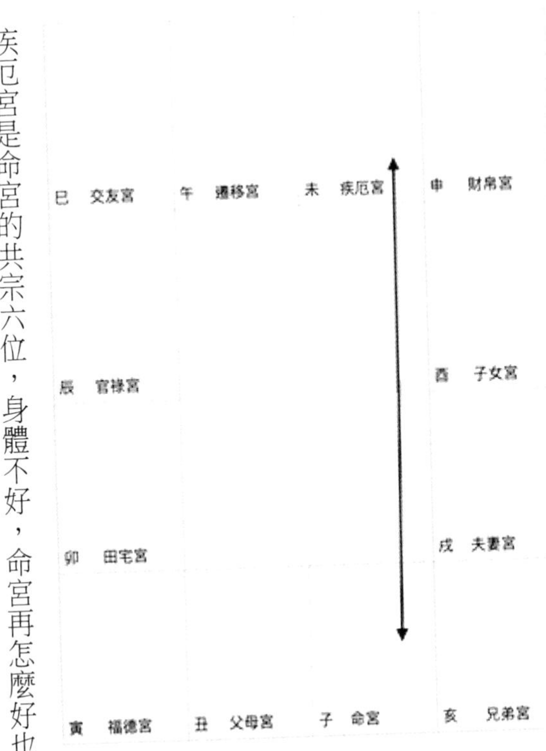

疾厄宮是命宮的共宗六位，身體不好，命宮再怎麼好也無命消受。

巳　交友宮	午　遷移宮	未　疾厄宮	申　財帛宮
辰　官祿宮			酉　子女宮
卯　田宅宮			戌　夫妻宮
寅　福德宮	丑　父母宮	子　命宮	亥　兄弟宮

遷移宮是兄弟宮的共宗六位，成就取之於社會資源，在外缺乏有力資源，就無法有成就。

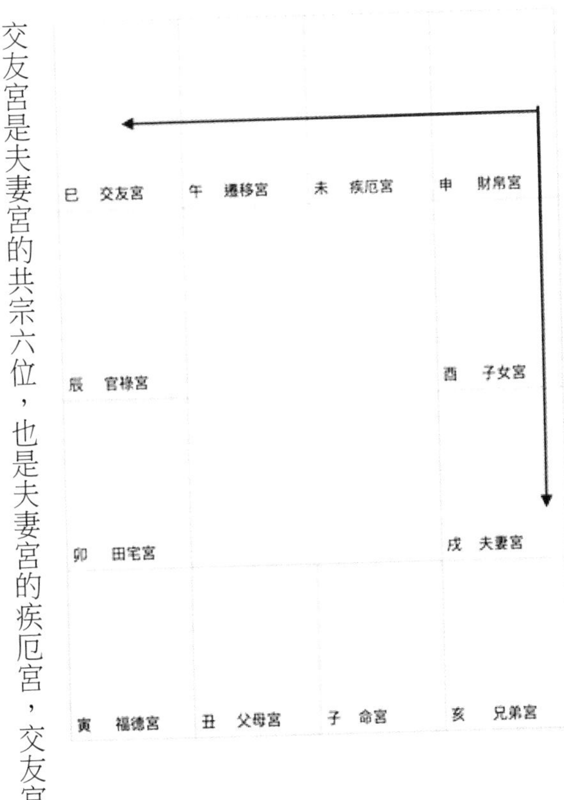

交友宮是夫妻宮的共宗六位，也是夫妻宮的疾厄宮，交友宮不好也代表另一半身體不好，品行不佳，那結交的對象也不會好，只會給自己帶來傷害。

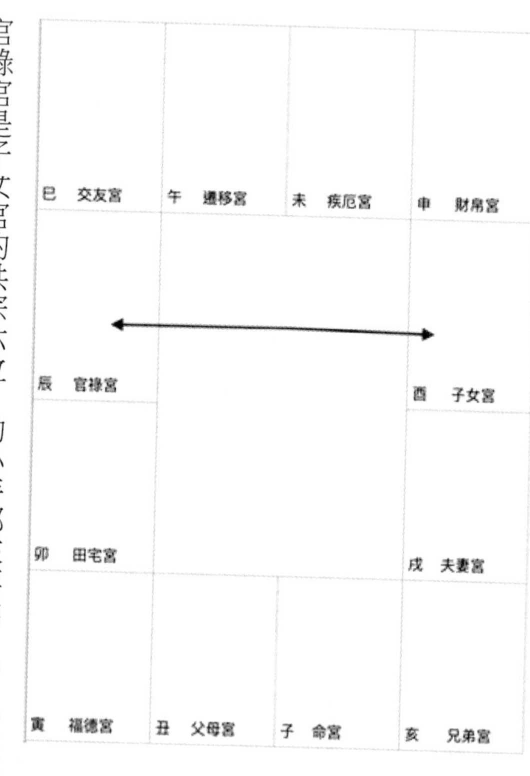

官祿宮是子女宮的共宗六位，幼小時哪來事業?所以是就學階段看讀書狀態，如果官祿宮不好，小孩小時候肯定讀書不認真。

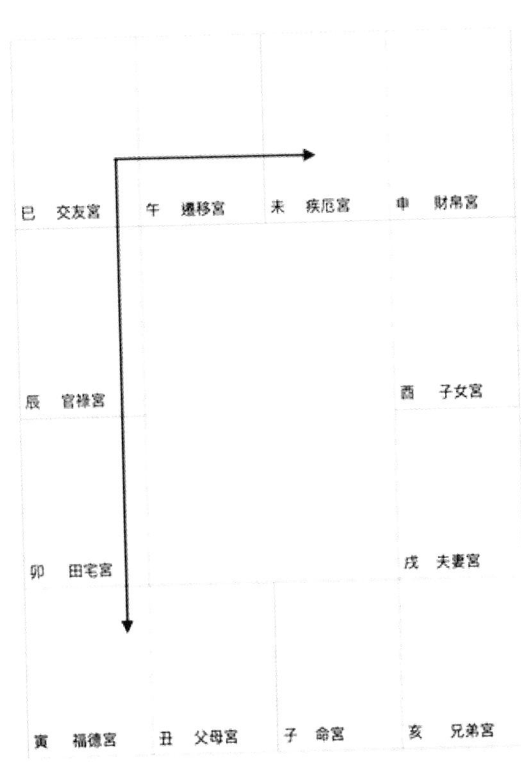

福德宮是疾厄宮的共宗六位，壽命、健康源於先天福份與後天行善積福，個人德行也會影響健康，福德宮好，自然身體也會長壽健康、少病痛。

巳　交友宮	午　遷移宮	未　疾厄宮	申　財帛宮
辰　官祿宮			酉　子女宮
卯　田宅宮			戌　夫妻宮
寅　福德宮	丑　父母宮	子　命宮	亥　兄弟宮

學識、專業技術（父母宮）對於在社會（遷移宮）立足有很大的加分效果，修為、涵養有助於在外待人處事，故父母宮為遷移宮的共宗六位，父母宮修養好，在外得人緣相助。

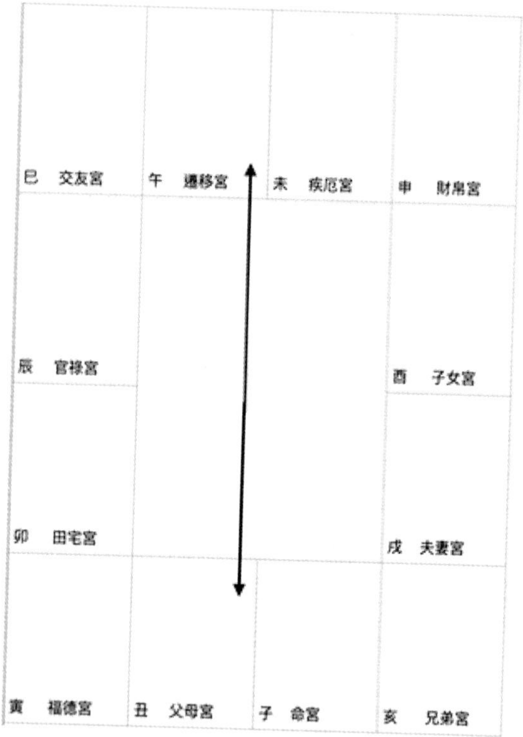

命宮是交友宮的共宗六位，個性的好壞，會左右人緣的好壞。

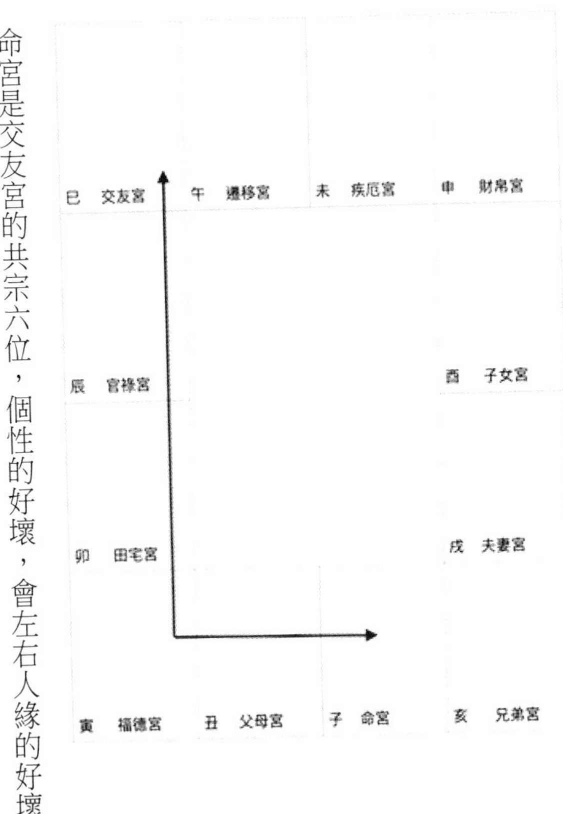

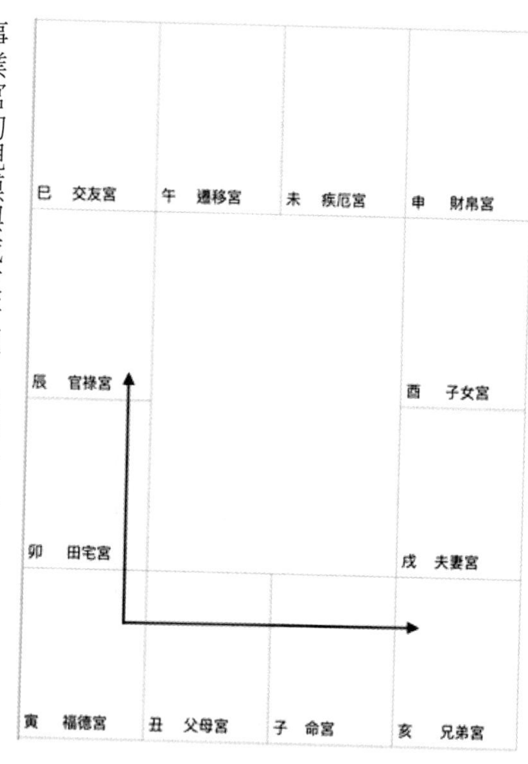

事業宮的規模與成敗好壞，也需看兄弟宮（經濟、成就）有多少的助力，兄弟宮不好，那公司的規模也不會太大，也無法成就事業。

夫妻宮是田宅宮的共宗六位，一個家庭需要有知書達禮的另一半，家庭氣氛才會和諧，如果夫妻宮不好，一個家就會吵吵鬧鬧不完整。

巳　交友宮	午　遷移宮	未　疾厄宮	申　財帛宮
辰　官祿宮			酉　子女宮
卯　田宅宮 ←			→ 戌　夫妻宮
寅　福德宮	丑　父母宮	子　命宮	亥　兄弟宮

巳　交友宮	午　遷移宮	未　疾厄宮	申　財帛宮
辰　官祿宮			酉　子女宮
卯　田宅宮			戌　夫妻宮
寅　福德宮	丑　父母宮	子　命宮	亥　兄弟宮

子女宮是福德宮的共宗六位，意思指子女宮好，子女孝順，則晚景少煩憂。

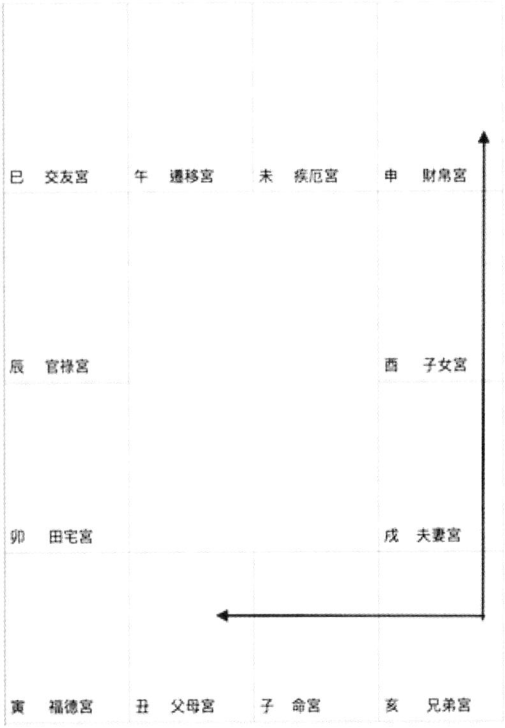

巳　交友宮	午　遷移宮	未　疾厄宮	申　財帛宮
辰　官祿宮			酉　子女宮
卯　田宅宮			戌　夫妻宮
寅　福德宮	丑　父母宮	子　命宮	亥　兄弟宮

財帛宮是父母宮的共宗六位，多計較者（財帛宮）少涵養，少涵養（父母宮）則際遇差，際遇差則成就小。

第二章

命盤解盤攻略實戰案例

命盤解盤攻略實戰案例

第一節 聽見妳的心

天右 梁弼 己　56-65 巳　疾厄宮	七 殺 庚　46-55 午　財帛宮	 辛　36-45 未　子女宮	廉 貞 (祿) [祿] 壬　26-35 申　夫妻宮
紫天 微相 戊　66-75 辰　遷移宮			左 輔 癸　16-25 酉　兄弟宮
天巨 機門 丁　76-85 卯　交友宮			破 軍 (權) [權] 甲　6-15 戌　命宮
貪 狼 丙 寅　官祿宮	太太文文 陽陰昌曲 (忌) [忌] 丁 丑　田宅宮	武天 曲府 (科) [科] 丙 子　福德宮	天 同 乙 亥　父母宮

（圖 1-1）

二〇二〇年命盤主人17歲正值青春少女叛逆期，這個階段處於一控管就會失控的尷尬期，長輩對女孩有著很大的期望，竭盡所能、盡心想要好好栽培女孩，望子成龍、望女成鳳一直都是每個家庭裡做父母對小孩存有的期待。

在與青少年的接觸，總是要多一點理解，再多一點傾聽與關懷，試著去融入她的心；人總是很難客觀性說出讓對方聽信的語言，只有不斷練習不讓自己有投射心理，我們可以盡量做到的就是支持她，適時的鼓勵就是給予她最大的幫助。

命宮只有一顆破軍主星，這顆主星絕對會有相當強大主觀意識，意見不合會在當下做出反叛行為。

命宮破軍生年權個性剛烈，喜歡掌權擺出高姿態，命宮破軍又自化權做事反覆、虎頭蛇尾，相處久了容易讓人看出能力不足，這也是女孩深怕被看穿的隱憂；生年權碰上自化權，自然抵制了原本生年權該有的能力，就這樣造成小女孩本身個性極端傾向，並不是叛逆期的時間過了就好，行為舉止不是可以輕易掌控得住。

圖 1-1

生年祿在夫妻宮：容易感情早發、多情、異性緣佳。

生年權在命宮：個性主觀、自信、有能力。

生年科在福德宮：喜歡修身養性、清靜生活，個性平和、臨急得貴人相助。

生年忌在田宅宮：生活的壓力或責任心重，守成、簡約、顧家。

廉貞生年祿（夫妻宮）轉忌到福德宮＋疾厄宮追祿轉忌夫妻宮＋命宮追祿轉忌福德宮。

太陽生年忌（田宅宮）轉忌到交友宮＋遷移宮追忌然後自化忌出。

合生年祿與生年忌兩式得知先天資源不足，小時候家庭背景不是優渥，需靠後天努力加強，此生先天課題需要學習的是自信，不必擔心低人一等。

此生糾結的源頭來自於自己，生年祿落在夫妻宮，命宮的祿也落在夫妻宮，看似不錯卻是痛苦的傷痕累累，對於異性過於期待，把男女之間的情愛想得太天真浪漫，驀然回首最終受傷的還是自己。

命宮化祿到夫妻宮：感情早發、容易放任對方不合理要求。

命宮自化權：雖也有自信、少了堅持，凡事三分鐘熱度。

命宮化科到福德宮：恬淡安逸、不疾不徐。

命宮化忌到田宅宮：個性內斂、顧家、難免自私。

有時候朋友找你訴苦，你的意見反而不是重點，也並不是那麼重要，他們的當下只是需要一個非常好的聽眾，傾訴也是一種療癒。千萬不要命令式的下指導棋告訴對方，自己也曾經經歷（已經走過並不意味著有資格說教），也別單方面認為對方可以照著自己的例子走。

我們常覺得自己是有雅量，可以接受宇宙中所有一切變化，這也包含所有人對我們的批判，但真實面，卻是什麼也進不了自己的心；因為我們心中早已築起一道高牆，充滿各種先入為主的成見，我們比較想要的其實是他人的肯定與認可。

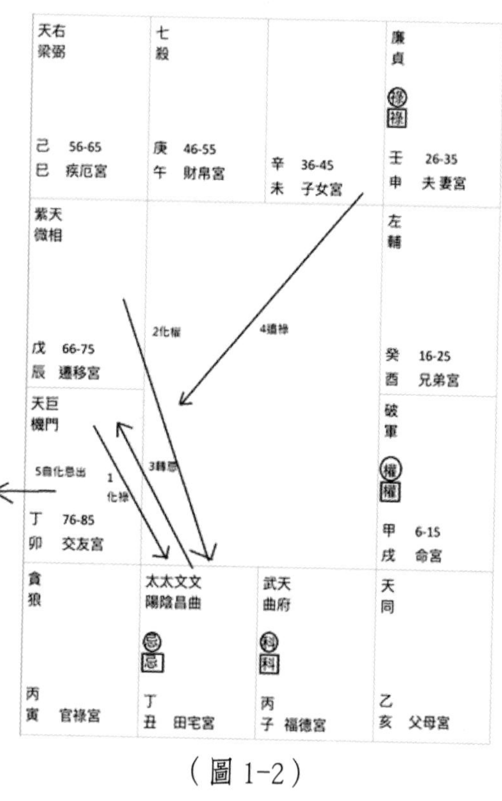

（圖 1-2）

針對當事人症狀，瞭解問題背後的原因，去除存在命盤主人內心沒有價值的錯誤想法，改以正面積極模式取代，幫助當事人脫離焦慮、沮喪痛苦。命理師猶如醫師、命盤猶如身體，一張命盤會出現哪些症狀，為命盤主人帶來傷害，這是我們在看命盤時，可以先為自己設立的目標前提，一一解讀、對症下藥。

當長輩出自於好心，耐心教導女孩學習，女孩子因為自身個性帶叛逆，結果當然不會照做。像這樣的結局，我們只好從命盤上她的興趣去抓出可以引導她產生動機的誘因，日後也有機會發展出跟工作有相關連帶效應，幫它做個結合會更有加分效果。

打造個人獨特行銷特色，讓她清楚自己該走哪一條路？如何為自己增添魅力，增進人際關係。

圖 1–2

有些特定工作需要人氣與人脈相扶持，可藉由交友宮化祿逢遷移宮同星曜的權相拱，會是在外受到肯定與支持，轉巨門忌回到交友宮，子女宮追巨門祿到交友宮，也會有教學或合作的機會，可惜的是回到交友宮後自化忌出，無法再繼續串連更多的祿與相關宮位。

看到她日後可能會因為人氣得利，可以做跟太陰相關的工作，太陰屬於美容；所以我試著與這位女孩的監護人瞭解一下，與他分析說：「這個女孩子是不是會比較喜歡漂亮的事物？然後也會對時尚物品有敏銳度，如果可以的話，你試著先帶著她從這個美容的行業下去琢磨，或許引起她的興趣後，她也會比較順從聽話，然後聽你的建議。

幫她引導出天賦—讓興趣引發熱情，在一張命盤當中，可以從很多方向去研究，比如說，你可以命宮下手看她的興趣喜歡什麼，或者也可以從福德宮隱藏的天賦去探討她內心潛意識喜歡的東西，通常我們都會先喜歡一件事情，然後就會很心甘情願去做、去學習與付出。

表象如浮標，本質如魚鉤，一般人只看到水平面上的浮標，卻無法看透水平面下的魚鉤，唯有透徹洞察力，才能不為表象所惑與誤解。

一個完整人格管理包含生理（身—疾厄宮）、情緒、理性（心—命宮）靈性層面（靈—福德宮），身心靈合一也是獨特完整個體。在每個成長階段都代表一個心理的危機或轉捩點，改變個性在心理學上是一項艱難課題，一般在20歲起都已主觀意識強烈，除非面臨人生重大問題，經過大徹大悟才會有辦法改變，真正能做到的改變，是先能瞭解自己優勢與特點找出自己的定位，再透過後天訓練修改行為，讓本身特質浮現發揮。

養成一個好習慣並不難，每天一直重複同樣的行為，就會養成自動性的狀態，如果你一直在原地踏步，一年後的你還是維持不變，或許也有可能跟不上同儕，當你努力一天進步一小步，你的努力將會產生複利效應的成果。

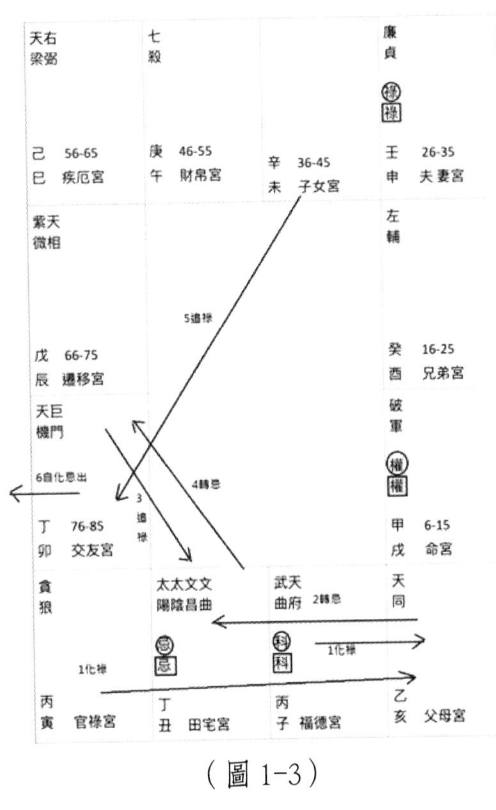

（圖 1-3）

圖1-3

由官祿宮立太極，化天同祿到父母宮，善於職場上的關說協調，也容易得到長輩的認同，在事業上容易得到長輩喜愛與賞識，轉太陰忌到田宅宮，交友宮追太陰祿到田宅宮，會有不錯的人氣聚集，受到大家的喜愛與支持。

交友宮化太陰祿到田宅宮的同時，也得遷移宮同星曜太陰權拱交友宮的祿，轉忌到交友宮逢子女宮追巨門祿到交友宮，會有不錯的部屬跟隨，或是可以朝著美容教學，都會是一個不錯的選擇。

在26－35這個大限，遷移宮（大限財帛宮）化貪狼祿到官祿宮（大限遷移宮），轉忌到夫妻宮（大限命宮），逢命宮（大限福德宮）追廉貞祿再度轉忌到福德宮（大限官祿宮），疾厄宮（大限子女宮）追武曲祿又轉忌回到夫妻宮。

靜盤上遷移宮化祿到官祿宮，出外際遇好，工作容易心想事成，大展身手；轉忌到夫妻宮遇廉貞桃花星雙祿，在男人堆裡打滾得心應手，佔盡便宜好處。

本命遷移宮相應大限遷移宮，本命官祿宮相應大限官祿宮，本命命宮相應大限命宮，本命福德宮相應大限福德宮，諸多相應可以看出徵兆，在26－35這個大限會在事業上大顯身手，錢財經手不在少數。

際遇相關宮位：遷移宮、福德宮、命宮、事業宮、財帛宮、交友宮、父母宮、子女宮。

奉勸：機運來時要好好把握與珍惜，不要被一時名利沖昏了頭，在換個位置後也換了腦袋，「人無千日好，花無百日紅」，好景不常，天有不測風雲；身處高處時，更要低調與謙卑，不自滿現狀、繼續積極奮發向上。

靜盤上財帛宮化天同忌入父母宮，轉太陰忌入田宅宮，逢命宮追太陽忌又生年忌、疾厄宮追文昌忌、子女宮追文曲忌到田宅宮，轉忌到交友宮，又逢遷移宮追天機忌，爾後自化忌出。

在36－45這個大限稍微開始走下坡，等到46－55這個大限，會因為第三大運與第四大運，這中間的起伏太大，從萬人愛戴尊崇、掉到眾人唾棄，一時之間，自己的心理狀態無法承受，終而蒙蔽了良心，為了錢鋌而走險，觸犯了戒律，造成無法收拾的局面。

46－55大限命宮（本命財帛宮）庚天干化天同忌到大限交友宮（本命父母宮）轉忌到大限疾厄宮（本命田宅宮），逢大限兄弟宮（本命疾厄宮）追文曲忌、大限父母宮追文昌忌（本命子女宮）、大限官祿宮（本命命宮）追太陽忌到大限疾厄宮（本命田宅宮）遇生年忌命忌重疊共五忌，再度轉忌到大限子女宮（本命交友宮）直接忌出。

像這樣多忌串連生年忌與命宮的忌，最後又直接忌出，意外狀況會突然發生、讓人措手不及。

如果能在26－35大限有所警惕，不迷失名和利、提早做好準備，好好利用我們紫微斗數命盤上的涵養宮位－父母宮－思考該如何改善，提升自己的靈性；一切歸於平淡做自己，修自己的心，修自己的為，或許能逢凶化吉改變命運。

貼心小語：

田宅宮太陽雙忌落在北北東位置，建議洋甘菊、薰衣草精油薰香淨化空間磁場，加強自我信心的不足，讓渴望家庭溫暖的心得到適時的放鬆。

適時地嗅聞精油可以緩解焦慮，進而對心情與情緒產生不同影響，可先諮詢醫師、專業人士後斟酌使用適合自己的精油劑量。

看完此例，試著寫出如果你是這位命盤主人（或者是你自己），想要叮嚀自己力求改變的地方，讓我們一起努力朝這目標前進。也請記得標註日期，過些時候再往回看，我們已經完成哪些目標。

想改變1：

想改變2：

想改變3：

日期：

第二節「搶了菜攤，丟了江山」什麼命盤容易被搶？

天相 乙 45-54 巳 財帛宮	天梁 科 丙 35-44 午 子女宮	廉貞 七殺 文昌 文曲 忌 丁 25-34 未 夫妻宮	 戊 15-24 申 兄弟宮
巨門 忌 甲 55-64 辰 疾厄宮			 己 5-14 酉 命宮
紫微 貪狼 權 癸 65-74 卯 遷移宮			天同 祿 庚 戌 父母宮
天機 太陰 左輔 科 祿 壬 75-84 寅 交友宮	天府 癸 丑 官祿宮	太陽 右弼 壬 子 田宅宮	武曲 破軍 祿 辛 亥 福德宮

（圖 2-1）

命宮空宮代表命盤主人有著對自己不肯定的想法，可以說是心思不穩定，容易受人影響，空宮借對宮的星曜會減少星曜原本的力量（剩百分之七十），紫微星會有想當老大哥的胸懷，喜歡被人吹捧，只想發號施令，不喜歡被約束。貪狼星曜善交際、能言善道、好勝心強。

圖 2-1

生年祿在交友宮：命盤主人對人和善，發自內心對朋友的關心，也深得人緣、獲得朋友實質上的幫忙與肯定。

生年權在父母宮：個性太衝、有草莽性格。

生年科在交友宮：所交朋友多謙虛、文質，朋友也會是貴人。

生年忌在疾厄宮：一刻不得閒，盡忠職守，只求做好自己的本份。

太陰生年祿（交友宮）轉忌到福德宮＋命宮的追祿轉忌落到夫妻宮。

巨門生年忌（疾厄宮）轉忌到田宅宮。

合生年祿與生年忌兩式，先天課題要學習的是如何與家庭共處，勇於表達說出自己愛的言語，讓對方知道。

此命盤處事決策深受異性影響，好的對象會帶著命盤主人漸入佳境，不對的對象則會讓命盤主人走上絕境。

如何在對的時間點遇到對的人呢？當然只有在機運好能做出正確的選擇，加上身心成熟階段、理智線發達時，才能更清楚瞭解自己需要的是感情而不是憐憫，需要的是受到眾多人祝福的戀情，而不是傷痕累累破碎的愛情。

命宮是此生進行式，搭配著福德宮潛意識的幫忙來完成，命盤教導此生我們所要學習的課題；先是父母親給予我們寶貴生命，讓我們得以在命盤上的人事宮位學習付出愛與慈悲。

命宮化祿到福德宮：樂觀知足、少記恨，一生不愁沒錢花，便少了憂患意識、不懂生活規劃。

命宮化權到遷移宮：有膽識、在外應變能力強。

命宮化科到子女宮：對於晚輩容易予取予求、有求必應。

命宮化忌到夫妻宮：對感情執著、願意付出不求回饋。

「搶了菜攤，丟了江山」，最近這句話快成了名言，在我看來，巧妙形容別為了眼前的蠅頭小利，或者只因個人狹隘思維做了錯誤的判斷，反而因小失大，給自己帶來無法彌補的傷害；在你爭我奪廝殺不留情面時，可曾想過人生在世，用盡心思搶破頭得來的名與利，到頭來還不是一場空，帶不走任何一金一瓦，金銀財寶榮華富貴，也是瞬間過往雲煙。

人該提高視野的高度，去除小鼻子小眼睛的計較，展現大將氣度；如此不顧社會倫理道德，一心只講功利，汲汲營營只想得到自己想要的目的，沒有站在對方立場角度想，終究不得人心。

菜根譚上說：天欲服人，先以微禍敬之；天欲禍人，先以微福驕之。老天要送福給一個人，一定會先有些禍事看他是否警覺，主要是看他有無自救的本領。天要降禍給一個人，可能會先送些福份好運給他，看他是否會起驕慢之心，目的也是要看他是否懂得承受的道理。就跟老子道德經裡提到：「禍兮，福之所倚，福兮，禍之所伏」意思是差不多的，提醒人要居安思危，不要膚淺到眼睛只看到眼前一塊肉，就迫不及待想要狠狠咬下去，沒考量到這塊肉吃下去會不會有什麼危機。

命盤會越看越有趣味，是因為可以探討研究什麼思維造就什麼現狀與人生，明明命盤看來天生資源不錯，現階段各方面條件也不錯，卻總是一意孤行不按牌理出牌，也許就這樣一點一滴慢慢消耗掉老天所給予的福氣，自己都不自覺，等到夢醒時，才驚覺世界完全變樣。如果沒有「福」，財富名利也是求不到的。如果沒有「慧」，內心的自在快樂也求不到。

人會處在覺得自己不夠幸福與快樂的狀態，是因為缺乏心靈上的調適與自在；不懂得如何調適，是來自於對自己的不夠認識，都還沒真正跨出一步，就已經先把自己推向不會的路上，毀滅性否定自己。

也許我們並不需要活在別人眼下，只要專心做自己，只問自己有沒有比昨天進步，懂得愛自己，擁抱當下，學習傾聽內在聲音，生活中會生起不可思議的變化，內心便會愈來愈寧靜喜悅。

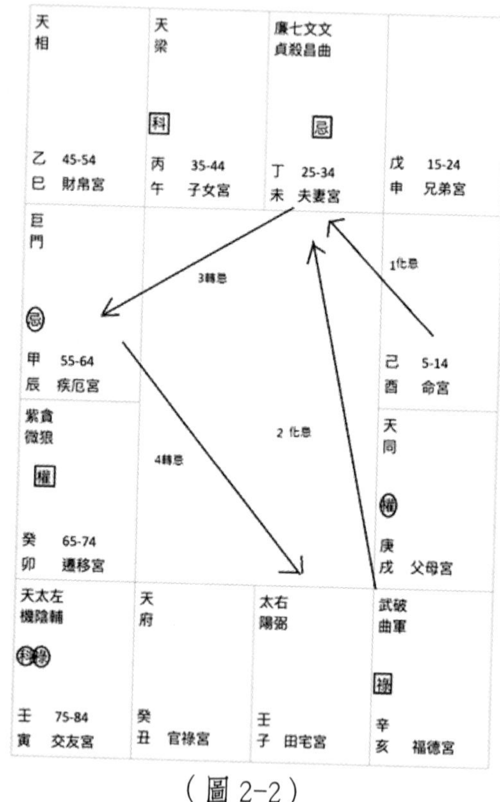

（圖 2-2）

圖 2-2

命宮化文曲忌到夫妻宮，對另一半執著的付出，苦口婆心的叮嚀，福德宮化文昌忌到夫妻宮，內心對另一半的糾結意識，不是旁人所能體會，情緒雙宮位都化忌到夫妻宮，會是又愛又恨這種感受嗎？轉巨門忌到疾厄宮又逢巨門生年忌，再度轉忌到田宅宮，你說說看～這樣的家庭裡，還能有安靜的時間與空間嗎？

圖 2-3

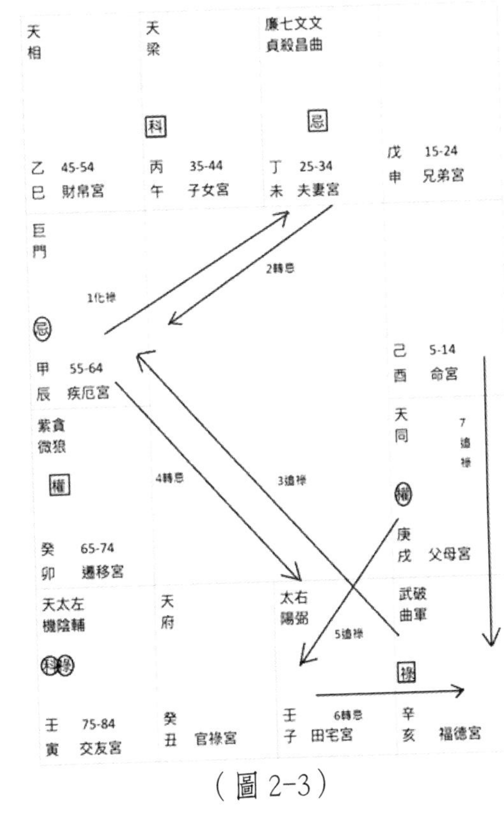

（圖 2-3）

疾厄宮化廉貞祿到夫妻宮，身體喜歡親近另一半，轉忌回到疾厄宮，逢福德宮追巨門祿，又再度轉忌到田宅宮，命盤主人也會有鐵漢柔情的一面，癡情渴望另一半善意的對待；父母宮追太陽祿到田宅宮，轉忌到福德宮，命宮追祿到福德宮，再轉文昌忌回到夫妻宮。以上兩種飛化的盤，可以看出命盤主人兩極化的情緒表達，容易在感情上吃悶虧。

在命盤上遇到哪些現象，需要先幫自己打一針強心針，先自我警惕呢？

舉凡交友宮忌入命宮、交友宮忌入福德宮的命盤，本來就會比其他命盤更容易遇上有是非爭議、令人苦惱的朋友（最好能再加上星曜參論）。

若交友宮忌入田宅宮，更是要注意朋友是來劫財庫，慎防心存不軌朋友踏入家裡是有計畫性，到底是貪圖命盤主人的什麼呢？可以繼續轉忌下去探求結果，在幸福紫微方程式第一集書上就有一例，在此就不再敘說。

此張命盤主人命宮空宮無主星，也表示較無多餘的想法，加上遷移宮貪狼自化忌出，存在著憨厚個性，是個直性子不懂變通，處世應對缺少圓融，無法面面俱到顧慮周全。

簡單說明白一點，不會對任何人存有一絲絲壞念頭，就算被朋友出賣了，還嬉皮笑臉幫著朋友數錢的濫好人，容易忘了前車之鑑，腦袋瓜裡根本沒有「一朝被蛇咬，十年怕草繩」的概念基因存在，屬於草莽義氣相挺英雄，像這樣的命盤天生就是容易吃虧。

命宮化武曲祿到福德宮，又遇交友宮追武曲忌到福德宮，我宮的祿逢他宮的忌挾持必定產生矛盾，即使吃了悶虧深感無奈，但下次遇到朋友上門借錢，還是不會記取教訓，福德的祿此時發生效應，又是笑嘻嘻地主動把錢送出去……

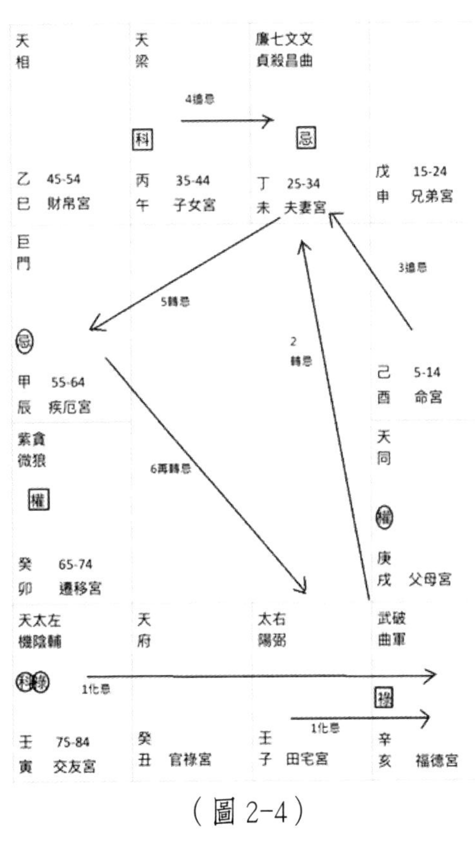

（圖 2-4）

圖 2-4

交友宮與田宅宮雙化武曲忌到福德宮，轉文昌忌到夫妻宮，錢財（田宅宮）的流失就會跟異性也牽扯上關係，命宮對夫妻宮的感情執著忌，讓人不得不感嘆，當一個癡情男子遇上自己心儀的對象，就算是天上的星星，也想摘下來送給她，更別說是錢了。

有時候太過於講錢好像也變成是俗氣，把品格都降低了，錢對一位憨厚個性、有情有義的男人，根本是身外之物，不足以提起；只要另一半想要的名牌禮物，絕對沒有第二句話，馬上雙手奉送到眼前，只為博取美嬌娘一笑。

逢子女宮與命宮的追忌到夫妻宮，此時的忌共四忌，當再度轉忌到疾厄宮時，又遇紫實的生年忌時，可以再度轉忌到下一個宮位，全程串連總共帶了五忌又回到田宅宮。（五忌的力量是又有帶上生年忌與命忌，先天加上後天的力量，無可厚非是加重與沉重的負擔）

本命的靜盤上已清楚告訴我們有幾項徵兆，會因為另一半不明是非，家裡的長輩也急著想要抱孫子，種種因素讓家庭氣氛不和諧，更帶給命盤主人有莫名的恐懼壓力，加上憨厚個性不懂如何變通，不知道如何排解這樣的家庭糾紛，只有傻傻地任由事件越爆越大。

通常一個問題不解決，就會衍生更多的問題，直到無可收拾的局面，爭執、分手、離婚？都是離不開這幾個問題選項。很多家庭都會有類似這樣的情景發生，當男主人在面對父母與夫妻爭執時，往往不知道該站在哪一邊？不管護著哪一方，最為難與傷心的還是自己。

以夫妻宮來說，交友宮是夫妻宮的共宗六位，也代表是夫妻宮的疾厄宮；另一半對象的選擇，對自己的人生有莫大的影響。

老一輩的人常說「娶到好某，卡贏三個天公祖」、「娶到歹某，一世人艱苦」，意思是說：娶到一個好老婆，能夠幫忙持家幸福一輩子，勝過三個玉皇大帝；如果不幸娶到不會持家的老婆，反而還會敗家、痛苦一輩子。

「聽某嘴大富貴」，可要用對時機點，當機運不好時遇到不對的另一半，聽了只會火上加油慘不忍睹，最後只好乖乖認命，怪自己認識不夠深，眼睛睜得不夠亮，看走眼看錯對象。

正在上演爭吵的戰場中，有哪位親人可以真正做到將心比心為對方著想呢？

每個人都是會以自己的利益為優先考量，這樣有錯嗎？這樣說：也許也沒錯，畢竟自私無罪，每個人都有自己獨立思考，想愛對方多一些或少一些，想為對方多付出一些或少一些，都操之於自己。

貼心小語：

生命中不需要為過去後悔，懂得學會擁抱所有情緒，懂得接納現狀也是一種生活態度，會是一種智慧的表現，生活也可以過得簡單自在、精彩萬分。從此刻起學會斷捨離，把心留給真正懂你的人，把時間留給真正需要的人，是非常重要的抉擇。

看完此例，試著寫出如果你是這位命盤主人（或者是你自己），想要叮嚀自己力求改變的地方，讓我們一起努力朝這目標前進。也請記得標註日期，過些時候再往回看，我們已經完成哪些目標。

想改變1：

想改變2：

想改變3：

日期：

第三節　我們都有幸福的權利

武曲 破軍 右弼 祿 丁 5-14 巳 命宮	太陽 文曲 戊 15-24 午 父母宮	天府 己 25-34 未 福德宮	天機 太陰 文昌 科 科 祿 庚 35-44 申 田宅宮
天同 權 丙 辰 兄弟宮			紫微 貪狼 左輔 忌 辛 45-54 酉 官祿宮
乙 卯 夫妻宮			巨門 權 忌 壬 55-64 戌 交友宮
甲 寅 子女宮	廉貞 七殺 乙 丑 財帛宮	天梁 甲 75-84 子 疾厄宮	天相 癸 65-74 亥 遷移宮

（圖 3-1）

命宮坐武曲星、破軍星、右弼星，武曲個性剛毅、屬孝順一族，破軍勇敢、正直、愛冒險，右弼雞婆、熱心。

圖 3-1

生年祿在命宮：經濟無憂，個性樂觀，所遇配偶也好相處。

生年權在交友宮：身邊都是有權勢與有能力的朋友。

生年科在田宅宮：家中擺設書香氣息、少爭吵、溫馨和諧。

生年忌在官祿宮：事必躬親、認真。

破軍生年祿（命宮）轉忌到交友宮＋官祿宮追祿轉忌命宮＋福德宮追祿轉忌官祿宮。

貪狼生年忌（官祿宮）轉忌到田宅宮＋夫妻宮財帛宮父母宮追忌轉忌兄弟宮。

合生年祿與生年忌兩式，先天課題必定經歷一番嚴厲挫折，然後在過程中慢慢脫胎換骨，但內心極度渴望得到家人的肯定，多少會有些遺憾，此生課題要學會的是「放下」與「看淡」，就不會為自己帶來多餘的壓力，傷心難過。

此人適宜外地發展，在外也容易得到豐富資源，受到肯定。（格局漂亮就處處有貴人，格局不高就容易受限、處處阻礙）

命宮化祿到田宅宮：福入家庭、家族多往來、不動產緣早、容易得助置產，女命旺夫。

命宮化權到兄弟宮：有企圖心、敢賺敢花、重物質生活。

命宮化科到田宅宮：喜歡幽靜書香擺設、有品味。

命宮化忌到交友宮：個性重情重義、不惜散財，重承諾。

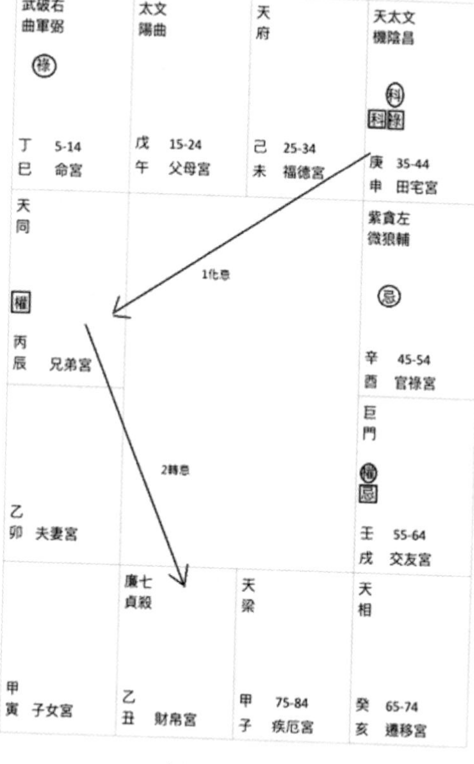

(圖 3-2)

圖 3-2

如何定格局？

首先可以以這張命盤田宅宮立太極點，分別飛化祿與忌來判斷。田宅宮化天同忌到兄弟宮逢命宮的權，轉廉貞忌到財帛宮，若無其他宮位追忌串連，就無需再度轉忌到下一個宮位。

要清楚理解的觀點是，既然從田宅宮立太極化出的忌不多，就表示此宮位並無其他追加因素產生困擾與造成破壞。如果再比照化祿的祿數與化忌的忌數是八比二，此格局算是高格局，先天就是佔有優勢，除了比他人有得天獨厚的資產，更會有逢凶化吉的好機運。

人生的旅程，豈止只有「祿」的開心，而沒有「忌」的擔憂呢？只是生命中摻雜開心與擔憂的多或少，這些情緒心理因素與事情的輕重，又會讓命盤主人在內心產生多久時間的抵觸。

忌多祿少遇到天性樂觀的人，就能很輕描淡寫的帶過，遇到天性悲觀的人，則是心灰意冷、鑽牛角尖將自己封閉起來。

個性真是決定命運的劊子手，能讓人上天堂，也能瞬間讓人下地獄。一個無法控制與察覺情緒的人也就容易淪落命運的擺佈；一個只想聽奉承好聽的話，不會深思反省改變自己，那就很容易成為別人口中的一口肥肉、任人擺佈。

社會環境中，每個人都為了自己的目標理想戰戰兢兢提高警覺，更是用心努力來解決生命中的課題，這些課題也均匀落在命盤上，差別只在於每個人課題不同。

有人會注重在親人關係，有人是情關、有人是錢關……

在面對這些命盤上的關卡，有人會心平氣和看待，有人卻是認命說，認為是宿命命運無法改。但事實並非如此，我想告訴你的是，千萬別忽視日常生活中微小的改變，這將會是翻轉人生最大的力量，堅信跟命盤唱反調稍作改變調適，命運就能掌握在自己手上。

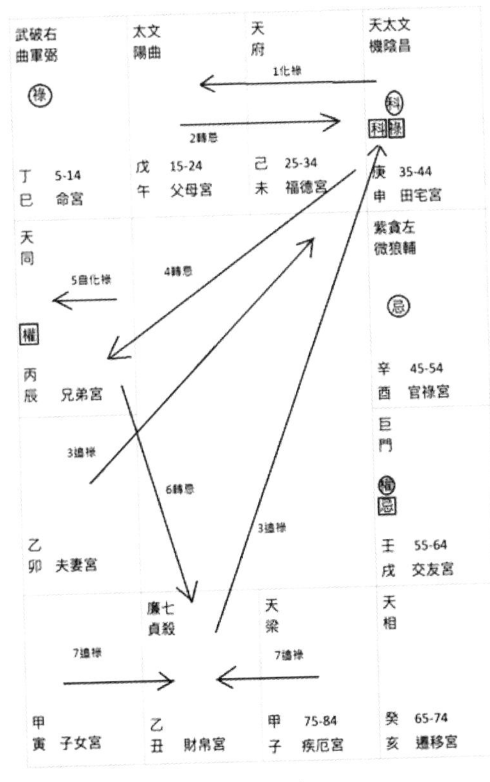

（圖 3-3）

圖 3-3

田宅宮庚天干化太陽祿到父母宮，轉天機忌到田宅宮逢命宮的科，住家明亮、亮麗加上命盤主人精心設計，屋況也會有挑高格局；夫妻宮與財帛宮雙追天機祿到田宅，再度轉天同忌到兄弟宮逢命宮的權，有可能因為另一半（異性）的建議與財力支持贊助，在裝潢上又添購一些華麗家具，讓整間房子更突顯氣派，或者又起念頭想再購置一間。

35－44這個大限是最輝煌精彩的階段，以此人格局看，房子絕對不只三間，說三間還真是有點太保守，而且地點都會是精華地段；如此說好了，這命盤主人也非常適合做房地產買賣投資，有她獨特眼光。

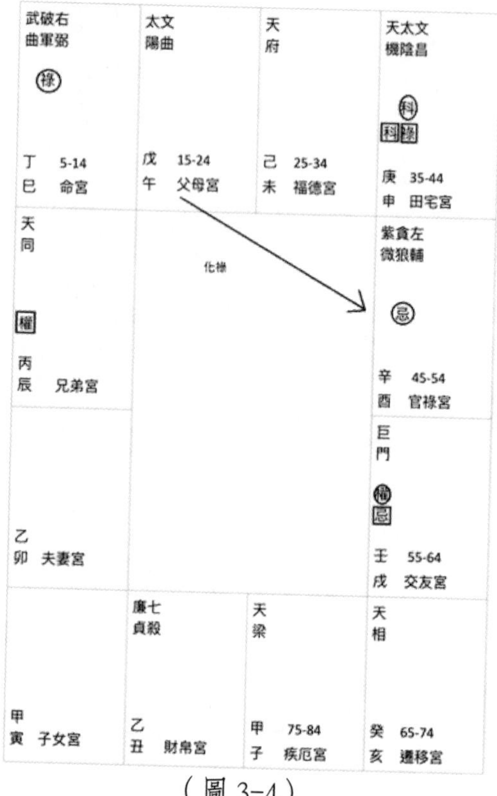

（圖 3-4）

圖3-4

如何從命盤上看出漂亮不漂亮呢？可從父母宮跟遷移宮看是否有坐廉貞祿、貪狼祿、太陰祿或者宮干化出戊貪狼、甲廉貞、丁太陰祿到任何一宮。

從父母宮化出貪狼星與廉貞星，就會有長相不錯的優勢，或是讓人覺得此人有魅力，情不自禁想多看一眼。此張盤除了從父母宮化貪狼入事業宮，本就存在會有亮麗事業表現，也會是讓人注目的焦點。

有人說，如果一個溫柔的女人，突然變得兇狠潑辣，就有可能是男人不爭氣，讓她不得不出頭；如果一個純潔的女人突然變得惡俗，有可能是男人層次不高。如果一個長相平庸的女人，相貌突然變得讓人覺得可愛，舉手投足變得有風度，一定擁有一個好男人在旁邊疼愛。

所以，以下非常重要！一個男人絕對要認清楚，女人的美有一半的功勞是在男人身上，所以她的醜，你也必須負一半的責任，若讓對方對自己不滿意或不開心，就是在跟自己過意不去，千萬要學聰明些，別自找麻煩！

在每一段戀情中沒有完全的對或錯，或者比較看誰付出得更多，每一段感情的經營，只有選擇讓彼此都能處在一個舒適的狀態，才能過得更幸福、更快樂！

相信大家一定都希望自己是能遇到一個好對象，也會疑問這個問題，是否可以從紫微斗數命盤找出答案呢？這個解答絕對會是大家想關注的話題，至少減少選錯的機會，能讓人少一次傷痛，因為我們都有選擇幸福的權利，這也是紫微斗數帶給人們的好處之一。

圖 3-5

武破右 曲軍弼 祿 丁 5-14 巳 命宮	太文 陽曲 戊 15-24 午 父母宮	天 府 2 轉忌 己 25-34 未 福德宮	天太文 機陰昌 科 科 祿 庚 35-44 申 田宅宮
天 同 3 自化祿 權 丙 辰 兄弟宮			紫貪左 微狼輔 忌 辛 45-54 酉 官祿宮
1 化祿 乙 卯 夫妻宮	4 轉忌	1 化祿	巨 門 權 忌 壬 55-64 戌 交友宮
5 總祿 甲 寅 子女宮	廉七 貞殺 乙 丑 財帛宮	天 梁 5 總祿 甲 75-84 子 疾厄宮	天 相 癸 65-74 亥 遷移宮

（圖 3-5）

以田宅宮來說，夫妻宮是田宅宮的共宗六位，一個家庭中，另一半是不可缺少的，夫與妻是一個家庭組成要素之一。夫妻宮為福德宮的財帛，夫妻宮漂亮就會來財容易，衣食無缺。

夫妻宮與財帛宮化天機祿到田宅宮，又逢命宮的科，在家是受另一伴疼愛捧在手心，命盤主人也是能感受對方的熱情呵護，給予深情回應，轉忌到兄弟宮自化祿纏綿至極，逢命宮的權，就會是由命盤主人握有主導權與掌控的慾望。

逢自化祿可以不必追祿才可轉忌到下一個宮位，所以兄弟宮轉忌到財帛宮，疾厄宮與子女宮追廉貞祿到財帛宮，再度轉忌到田宅宮，命宮又再度追太陰祿到田宅宮，此張命盤絕對會有火山孝子捧錢捧到面前。

羨慕嗎？有些女人一定非常羨慕她，可以讓男人如此疼愛。

常有人會問我，可以娶到一位漂亮能幹的老婆嗎？可以嫁給高富帥的老公嗎？

但有沒有人能告訴我，你有做到努力嗎？

你是否是一位讓對方值得等待的人呢？

突然天上掉下來的禮物，未必是禮物，是福是禍，總要到最後才知曉！

而好命的定義又在哪呢？難道家財萬貫就是好命嗎？好像也不能如此很市儈的商

業說法，明明看那些金錢都不缺，出入有司機，每餐都是高級餐廳山珍海味，卻還是會拉著妳跟妳訴說他們的不快樂。或者可以有一種說法，只要是人就會有情緒，不管物質充不充裕，總會多少存在著不開心的點，在意與計較得多就不開心，在意與計較得少就會開心。

我們看到的都是外表光鮮亮麗的一面，未曾察覺過去的他們是用多少努力與時間換來現在的光彩。

25－34這十年大限也是讓命盤主人特別煩心的年限，福德宮化文曲忌到父母宮轉天機忌到田宅宮，逢夫妻宮、財帛宮追太陰忌與官祿宮追文昌忌到田宅宮共三忌到兄弟宮，正處於創業階段，各方面條件都不俱足，只能在懵懵懂懂的狀態下往前走。

俗話說：「不經一番寒徹骨，焉得梅花撲鼻香。」細觀一些白手起家的企業家或有名人士特質，不外乎是有著獨特眼光與見解，即使身處惡劣環境，也依然堅忍不拔，努力不懈。不用投注羨慕眼光在他人身上，把心思多用在自己身上，當你能夠看清楚自己在命盤上個性的優缺失，發揮優點、改善缺點，你就已經掌握改變命運的訣竅。

貼心小語：

生命中來往過客、俗事無其不有，有些是順心、有些未必是如我們所願，應用一顆歡喜的心，發自於喜悅耐心地去完成。

看完此例，試著寫出如果你是這位命盤主人（或者是你自己），想要叮嚀自己力求改變的地方，讓我們一起努力朝這目標前進。也請記得標註日期，過些時候再往回看，我們已經完成哪些目標。

想改變1：

想改變2：

想改變3：

日期：

第四節　我有命理天賦嗎？

巨門 己巳　子女宮	廉貞 天相 文曲 (忌) 庚午　夫妻宮	天梁 (科) [祿] 辛未　兄弟宮	七殺 文昌 壬申　4-13　命宮
貪狼 (權) 戊辰　財帛宮			天同 癸酉　14-23　父母宮
太陰 丁卯　74-83　疾厄宮			武曲 (祿) [忌] 甲戌　24-33　福德宮
紫微 天府 右弼 [權] 丙寅　64-73　遷移宮	天機 丁丑　54-63　交友宮	破軍 左輔 [科] 丙子　44-53　官祿宮	太陽 乙亥　34-43　田宅宮

（圖 4-1）

在一片景氣低迷的狀況之下，更多人會迷失在時下一些標榜命理行善團體領頭者的遊說之下，掏心掏肺熱情參與團隊活動，更在眾星拱月之下，腦袋瓜也被灌了迷湯茫茫然，也跟著糊塗下去，預測結局未必是好。

如果初發心是服務大眾不為己私，能幫助需要幫助的人，這必然會是很好的舉動。

像此張命宮坐七殺鐵定義氣相挺，根本不會考慮自己的能力是到哪？往前衝、做了就對，喜歡掌權的個性，一旦在被捧上天的狀態之下，必定會失去判斷，做了失策的決定，淪為這些命理領頭羊的旗子之一。

文昌星理解能力不錯，文學才華好。天鉞為桃花星，在感情上也容易吃虧。

命理界沒門檻，當然也會是大家想學習後，轉為一技之長當職業的首選，問題是五術學無止盡猶如嫁入豪門深似海，難道是學霸就一定學得來命理嗎？我說：未必。

學習命理除了先天根器好，利於學習外，還要備有一顆強大的心臟與膽量，再加上非比尋常的耐心。

圖 4-1

生年祿在福德宮：樂觀、少計較，福報好，心想事成。

生年權在財帛宮：積極、能力好，善於經營。

生年科在兄弟宮：養生、理財有計畫。

生年忌在夫妻宮：欠感情債，配偶不易溝通。

武曲生年祿（福德宮）轉忌到田宅宮＋夫妻宮追祿轉忌疾厄宮＋疾厄宮自化祿轉忌子女宮＋兄弟宮追祿轉忌夫妻宮。

文曲生年忌（夫妻宮）轉忌到父母宮。

合生年祿與生年忌兩式，先天課題要學習的是如何掌控自己的情緒，不輕易喜怒於色。

在外容易受到晚輩影響自己的情緒，無法理智的面對自己的情感，做出錯誤的選擇，這個選擇也包含了最令命盤主人在意的愛情。

命宮化祿到兄弟宮：對手足有情，薪資高，收入好。

命宮化權到遷移宮：有活力，喜表現。

命宮化科到官祿宮：適合文職與企劃。

命宮化忌到福德宮：容易杞人憂天，過度執著，貪圖享受。

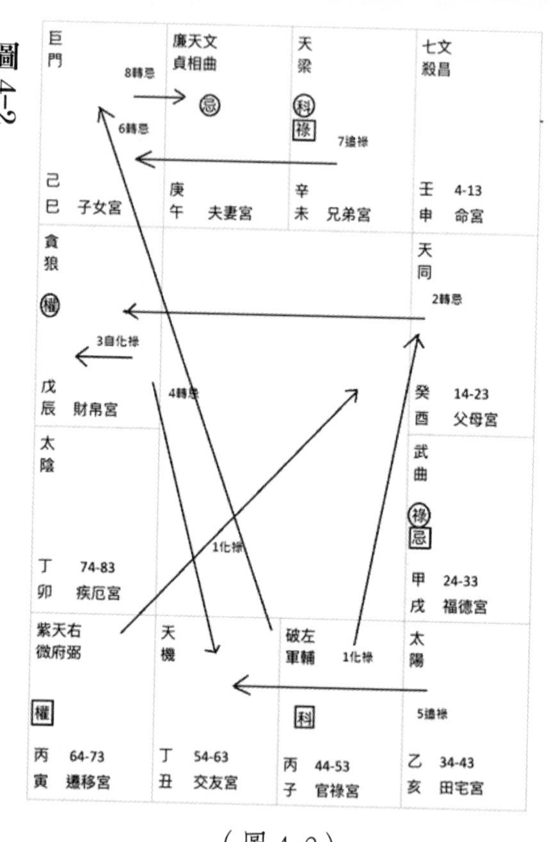

（圖 4-2）

圖 4-2

說到根器位，也能說是與生俱來的天賦，別人是看也看不懂學也學不來的東西，而你卻可以一下子就摸熟與看透，輕而易舉就能理解，並且延伸出自己的一套模式。遷移宮、福德宮、子女宮三個根器宮位隱藏著出乎意料的才華，正等著時機因緣點的觸發，而這個因緣如何呈現？能把這隱藏在內的才華發揮到什麼樣的程度？是家喻戶曉呢？還是只有在家把玩過過乾癮呢？

當然就跟串連宮位有相關，要去理解這些串連的宮位帶來的效應，而不是只會傻傻的飛，就像只聞到雞湯香，沒喝到雞湯精華，會有些可惜喔！

此張命盤遷移宮化出天同祿到父母宮，事業宮也併同天同祿到了父母宮，若要以命理的角度來看，這可以指出一個現象是單純以占卜來學習，會較適合命盤主人本身，比方塔羅牌簡單的卜卦方式。

當兩宮化祿到父母宮後，再轉忌到下一個宮位，是探究結果。遷移宮與事業宮化祿到父母宮轉忌到財帛宮，可以解釋為有命理天賦，但只限於學習占卜，學習後會帶來的好處是可以賺到錢，至於能賺多少錢呢？就是要繼續往下一個宮位延伸。

這樣的方式，有覺得像在演連續劇的劇情嗎？串連越多宮位，當然會有更多高潮迭起的情節引人注目。

轉到財帛宮逢生年權，那這卜卦的價錢肯定不少，也會有人願意花這樣的錢。想要再看此賺錢機緣能到達巔峰嗎？我們要找看哪個宮位是同星曜的追祿，才能把此機緣再繼續轉忌延伸下去。

逢財帛宮自化祿，轉天機忌到交友宮，那表示人氣還相當不錯，以此方式與人交流，很是討喜。田宅宮又再度追天機祿到交友宮，除了學習占卜的緣份會拉長之外，還可以賺錢，甚至弄個居家型工作室為人占卜。

44－53這個大限就可以開始斜槓人生，坐落本命官祿宮，大限財帛宮（本命命宮）化左輔科入大限命宮（本命官祿宮）會有雙份工作收入的跡象。繼以官祿宮（大限命宮）立太極飛化祿，遷移宮（大限福德宮）、交友宮（大限父母宮）、田宅宮（大限兄弟宮）、父母宮（大限子女宮）、兄弟宮（大限疾厄宮）、夫妻宮（大限遷移宮）、子女宮（大限交友宮）、財帛宮（大限官祿宮）官祿、子女、交友、父母、兄弟、遷移宮位相應，有升遷機會，也可以好好發揮所長，努力耕耘為未來下個54－63大限打好基礎，以德服人、將會有善的回應。

際遇相關宮位：遷移宮、福德宮、命宮、疾厄宮、官祿宮、交友宮。

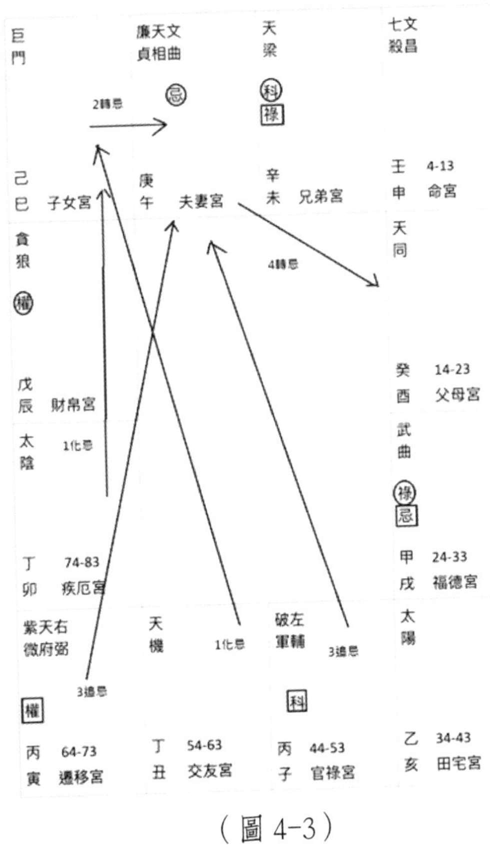

（圖 4-3）

看疾厄宮論健康，也一定要參酌福德宮，福德宮好，必然也少病痛折磨。

病痛相關宮位：疾厄宮、福德宮、兄弟宮，再參酌遷移宮、子女宮。

疾厄宮與交友宮化忌到子女宮，轉忌到夫妻宮（逢文曲生年忌若無其他宮位追忌，是可以繼續轉忌），當遷移宮與官祿宮也追忌到夫妻宮，轉忌到父母宮共五忌，要隨時注意身體上的病痛，屬於容易動刀手術的體質，小時候體質也不佳，可以說是個藥罐子。

巨門星曜（西藥、食道、慢性病）、廉貞星曜（虛火、發炎、癌症），構成癌症巨門星、廉貞星3～4忌以上。

貼心小語：

沒有事情是絕對，也沒有所謂的保障，萬事萬物皆會變，就看我們的心境如何調適。看重了是自己受傷與難過，選擇不看了是讓自己輕鬆自在。

看完此例，試著寫出如果你是這位命盤主人（或者是你自己），想要叮嚀自己力求改變的地方，讓我們一起努力朝這目標前進。也請記得標註日期，過些時候再往回看，我們已經完成哪些目標。

想改變1：

想改變2：

想改變3：

日期：

第五節　往後的餘生

天文右 相曲弼 己　15-24 巳　兄弟宮	天 梁 庚　5-14 午　命宮	廉七 貞殺 祿 辛 未　父母宮	 壬 申　福德宮
巨 門 戊　25-34 辰　夫妻宮			文左 昌輔 癸 酉　田宅宮
紫貪 微狼 丁　35-44 卯　子女宮			天 同 忌 甲 戌　官祿宮
天太 機陰 科 丙　45-54 寅　財帛宮	天 府 丁　55-64 丑　疾厄宮	太 陽 忌 祿 丙　65-74 子　遷移宮	武破 曲軍 科權 權 乙　75-84 亥　交友宮

（圖 5-1）

請問，該如何選擇良師益友呢？

又該如何避免遇到心懷不軌的朋友呢？

在紫微斗數命盤中，凡是命宮化祿到交友宮或福德宮化祿到交友宮的朋友們，內心總是滿懷希望把每個朋友都當成自己人，舉凡有好處就是會第一個想到要與好朋友分享，跟這樣命盤的主人當朋友，絕對會受益良多。

交友宮是命宮的共宗六位，個性好壞左右人緣的好壞，以交友宮來論人際關係，會觀看命宮，命宮若有坐一顆忌，代表這個人很難溝通人緣怎麼會好呢？

有些人會事先站在以自己的利益為優先，力爭到底；雖然說：自私無罪，也沒真的傷害到人，但相對沒有福氣，而傻人有傻福即使吃虧也不生氣，當然是不計較的人也較有人喜愛，這樣會是誰比較得利呢？

在互是陌生人的狀況之下，需要建立信任感，關係並非一朝一夕就能建立，需有更多的互動讓彼此之間產生尊重與互信善意的友誼關係，有時人與人之間靠的只是一種緣份，生命中總會有人悄悄地來到你的身邊與你一起學習，當彼此因緣終了便會悄悄離開，這時的你不需要覺得惋惜，彼此之間的感情為何不再如當初那般濃厚，應放下內心對對方的期望，選擇祝福對方……

交友宮無煞星會照，對命盤主人來說當然是有助力，朋友雖是不可或缺，有緣的只要一個觸機或簡短幾句話一點就通，就能達成共識與默契。交友宮在早年是可以看父母親在工作上狀態，跟下屬或晚輩關係，等過了第二大運後，則是和自己有關，一個人會因為年紀社會歷練增長而有所改變。

圖 5-1

生年祿在父母宮：和顏悅色、善表達、有長輩緣。

生年權在交友宮：容易交上有權貴的朋友、配偶身體硬朗。

生年科在交友宮：友情綿長、君子之交。

生年忌在遷移宮：耐心不足、耿直、也容易判斷錯誤。

廉貞生年祿（父母宮）轉忌到田宅宮。

太陽生年忌（遷移宮）轉忌到父母宮。

合生年祿與生年忌兩式，善於在職場上發揮所長，只要是牽扯工作上的利益，下一分鐘可以馬上笑臉迎人，絲毫不受壞情緒影響。先天課題要培養的是待人處事要一致，不要只貪圖眼前短利，斷了自己的後路。

生年忌在遷移個性較直接，容易不經大腦思考直接把話說出，較不會考慮有沒有傷到人，也要注意耐性不足，對事較會缺乏意志力，因為忌的耿直而應變能力差，所以還是閒事少理。

以這張命盤來說，生年忌落到遷移宮還是有辛苦的一面，但還好命宮的祿化祿到遷移，這個命祿還是有幫助的，命宮的祿，表示命主在外是樂觀開朗，雖有命祿的稍微阻擋，但還是會有生年忌的力量，不容小覷。

生年權在交友宮，理應都會交到成就不錯或能力不錯的朋友，格局好，朋友便能成就幫忙命盤主人，若格局不好，命盤主人就容易被牽著走，受朋友影響。

圖 5-2

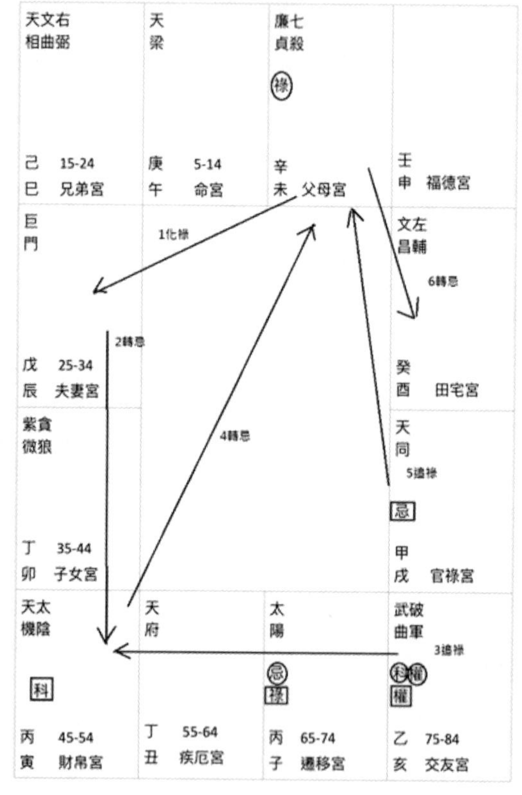

（圖 5-2）

父母宮有生年祿，表示另一半的家有可能是有資產，是夫妻宮的田宅，想再更加確定是否判斷更準確，由父母宮立太極飛化。父母宮化巨門祿到夫妻宮，轉忌到財帛宮，逢交友宮追祿到財帛宮，再度轉忌到父母宮逢廉貞生年祿，官祿宮再追祿到父母宮後轉忌到田宅宮，共四祿加廉貞偏財曜，證明夫家還是有點財力，也會在結婚後贈與財產。

夫妻宮是事業宮的遷移宮，也主本命盤主人在事業上的宣傳與推展能力，能言善道。夫妻宮坐巨門，表示本人在工作上的能力，對宮坐天同忌是命宮化出的忌，容易與另一半在工作上引起衝突不和。

看結婚時間點，可先由夫妻宮立太極點，各飛祿與忌來判斷緣份多寡。有時祿少忌多也會構成結婚象，但結局未必是好，屬於欠債的婚姻，也有可能是怨偶，就是耗著婚姻不放手，即使各走各的路，也不輕易簽字離婚。

構成結婚的宮位有夫妻宮、田宅宮、父母宮、交友宮、疾厄宮，參酌命宮、福德宮。

忌的飛化：夫妻宮化天機忌到財帛宮，轉廉貞忌到父母宮，無他宮追忌入，就無需再度轉忌到下一個宮位，只有一忌的力量。

祿的飛化：夫妻宮化貪狼祿到子女宮，轉巨門忌回夫妻宮，逢父母宮追巨門祿到夫妻宮，再度轉忌到財帛宮，逢交友宮追天機祿再度轉忌到父母宮遇廉貞生年祿，官祿宮追廉貞祿到父母宮，再度轉文昌忌到田宅宮，由於文昌星曜無法再追祿，祿的飛化最後落點在田宅宮，以上串連宮位共五祿。

祿比忌多，祿的串連、結婚相關宮位都已串進，就有結婚的徵兆，也會是一段禁得起考驗、甜蜜的婚姻，不會走上離婚一途。

25－34大限走夫妻宮，相應宮位如下：夫妻宮（大限命宮、流年命宮）、財帛宮（大限夫妻宮、流年夫妻宮）、交友宮（大限疾厄宮、流年疾厄宮）、田宅宮（大限交友宮、流年交友宮）、父母宮（大限田宅宮、流年田宅宮），從以上宮位推論，25歲時會結婚。

命宮化祿到遷移宮：外緣好、具群眾魅力。

命宮化權到交友宮：雞婆、愛現、品格差，防金玉其外、虛有其表。

命宮化科到財帛宮：量入為出、平穩溫飽。

命宮化忌到官祿宮：敬業、勤快、職業婦女。

圖 5-3

天文右 相曲弼 己 15-24 巳 兄弟宮	天 梁 庚 5-14 午 命宮	廉七 貞殺 祿 辛 未 父母宮	壬 申 福德宮
巨 門 戊 25-34 辰 夫妻宮	1化忌		文左 昌輔 5轉忌 癸 酉 田宅宮
紫貪 微狼 丁 35-44 卯 子女宮			天 同 忌 2轉忌 甲 戌 官祿宮
天太 機陰 4逢忌 科 丙 45-54 寅 財帛宮	天 府 丁 55-64 丑 疾厄宮	太 陽 忌 祿 3再轉忌 丙 65-74 子 遷移宮	武破 曲軍 科權 權 乙 75-84 亥 交友宮

（圖 5-3）

命宮化天同忌到官祿宮，對事業的一份執著，轉忌到遷移宮又逢太陽生年忌，在轉忌的過程中，逢生年忌與命忌需再度轉忌，當再度轉忌到父母宮時，所表現出來的是，大家看到這位命盤主人是位盡責的職業婦女，很稱職的當好一位媽媽與太太的角色，絲毫無法挑出一點點毛病。

命宮化祿到遷移宮，逢生年忌必定會打折數，轉忌到父母宮坐廉貞生年祿鐵定笑臉迎人，外表裝扮光鮮亮麗，官祿宮追廉貞祿到父母宮，轉忌到田宅宮，可以解釋成這是自家營業，店住合一。

意外相關宮位：遷移宮或福德宮立太極，參酌疾厄宮、子女宮。

病痛相關宮位：疾厄宮、福德宮、兄弟宮，參酌遷移宮、子女宮。

本命疾厄宮、子女宮化巨門忌入夫妻宮轉忌入財帛宮，交友宮追忌轉忌父母宮，遷移宮追忌順勢把太陽生年忌也帶上，再度轉忌入田宅宮共五忌。35－44跟45－54大運都容易因為身體病痛折磨意外開刀，更要注意心臟血管之類併發症。

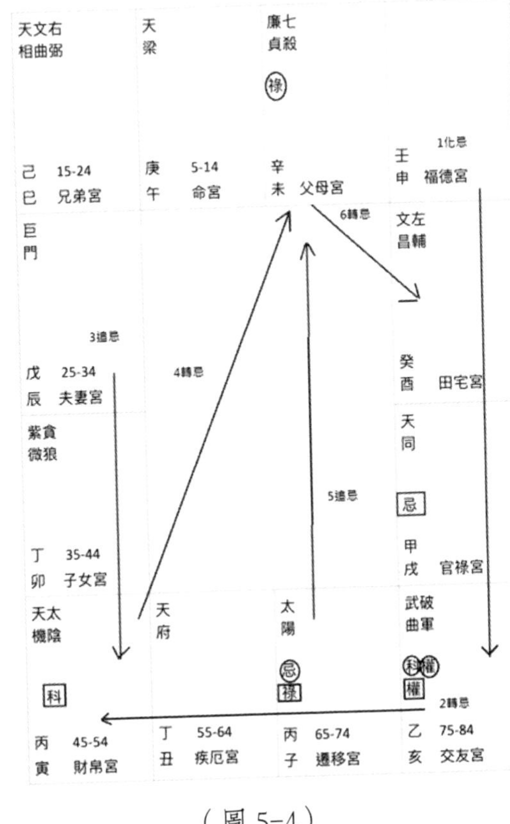

（圖 5-4）

圖 5-4

福德宮化武曲忌到交友宮轉忌到財帛宮，也是有心計的掠奪，夫妻宮追忌到財帛宮後轉忌到父母宮，遷移宮生年忌也轉忌到父母宮，最後落到田宅宮。像這樣的飛化可要小心，別因為命盤主人表面的巧言令色而少了防衛之心，因為一不小心就會慢慢掉入陷阱而不自知，最後怎麼破財的都還搞不清楚。

福德宮內心世界本就存著讓人無法輕易揣測出心思的宮位，一忌執著，多忌就會衍生出更多遐想與問題爭端，而這串連宮位勢必也是我們必須去探討原因的宮位，到底失去的是小財還是大財呢？

很多時候在與朋友相處時，表面都是和顏悅色、禮尚往來，真是存有什麼樣的心思，是好是壞總是沒有辦法去多加揣測與設防，或許隨著年紀的增長，我們也會慢慢發現與學會，有些人是不值得我們深交，因為你永遠不知道什麼時候，他們會又在背後捅我們一刀。

所謂傷人三分自己會受傷七分，利人三分自利也有七分，擁有一顆善良的心、行善不求回報，不損人利己，有時吃點虧不見得是讓對方佔了便宜，一個善良的人，生活絕對是知足與快樂。

快樂與痛苦雖在一線之隔，生活的樂趣卻是自己可以營造與尋找，道理人人都懂，但總是在遇到事情時卻用不上，也許就是太習慣用大腦去思考，而忘了靜心用心靈的角度去看待。

貼心小語：

人生該放下的是對過去的執著，人生該盡力的是活在當下，為自己生命多創造點奇蹟與意義。相信緣份－因緣到自然水到渠成，在這過程中我們都要累積養份備齊資糧，隨時做好萬全準備等待生命中的挑戰，身處時下不景氣社會環境中，自助才是首要，有多少努力就會有多少成果。

看完此例，試著寫出如果你是這位命盤主人（或者是你自己），想要叮嚀自己力求改變的地方，讓我們一起努力朝這目標前進。也請記得標註日期，過些時候再往回看，我們已經完成哪些目標。

想改變1：

想改變2：

想改變3：

日期：

第六節 在愛情路上，你選擇當便利貼男孩或女孩呢？

天機 忌 祿 丁巳 官祿宮	紫微 科 戊午 74-83 交友宮	己未 64-73 遷移宮	破軍 庚申 54-63 疾厄宮
七殺 丙辰 田宅宮			辛酉 44-53 財帛宮
太陽 天梁 右弼 科 權 乙卯 福德宮			廉貞 天府 壬戌 34-43 子女宮
武曲 天相 文昌 甲寅 父母宮	天同 巨門 乙丑 4-13 命宮	貪狼 文曲 祿 甲子 14-23 兄弟宮	太陰 左輔 權 忌 癸亥 24-33 夫妻宮

（圖6-1）

圖6-1

生年祿在兄弟宮：人氣佳、身邊不乏朋友、桃花曜閨房之樂、主臥房大。

生年權在夫妻宮：配偶個性強、愛掌控、易起爭執。

生年科在福德宮：臨急得貴人。

生年忌在官祿宮：專注、事必躬親、職業婦女命，配偶耿直不懂情趣。

貪狼生年祿（兄弟宮）轉忌到福德宮＋疾厄宮追太陽祿轉忌到夫妻宮＋官祿宮追祿轉忌到兄弟宮＋交友宮追祿轉忌到福德宮。

天機生年忌（官祿宮）轉忌到命宮＋疾厄宮宮追天同忌轉忌到夫妻宮＋福德宮追忌到夫妻宮轉忌到兄弟宮＋遷移宮追文曲忌到兄弟宮轉忌到福德宮。

合生年祿與生年忌兩式，得知此生課題在感情的路上跌跌撞撞，即使受傷也不輕易表現出脆弱的一面，依舊努力在職場表現堅強幹練的一面。

在職場上與私人內心世界容易被朋友影響，會因為朋友的一句話做出與自己原先意思不同的選擇。

生年忌在官祿宮，表示會較專注在事業上，本身也會因注重工作而忽略另一半，另一半或對象也會個性較直，嘴巴不甜，在相處上就不浪漫，生年忌在官祿宮也會工作忙祿或時間長。生年忌必須轉忌，藉由官祿宮的丁宮干，化巨門忌轉到命宮，生年忌轉忌到命宮，等同命宮也有生年忌的意思，比較操勞、會有工作上的糾紛與是非需要特別注意。

命宮化祿到官祿宮：樂觀、點子多、也容易找到自己有興趣的事業。

命宮化權到福德宮：不服輸、好大喜功、喜歡大排場、講體面。

命宮化科到交友宮：君子淡交、即使失聯也會再度牽上線。

命宮化忌到夫妻宮：對感情執著、付出，不求回報。

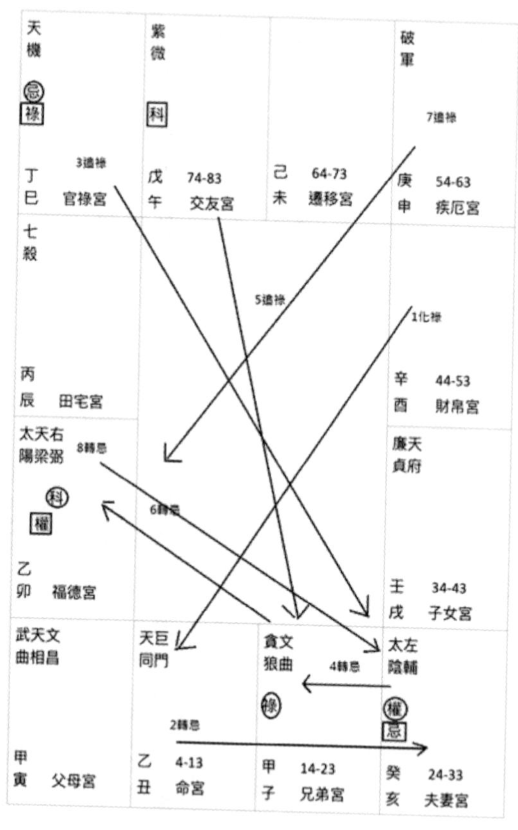

（圖 6-2）

圖 6-2

財帛宮化巨門祿到命宮，表示與財有緣、來財順利，轉忌到夫妻宮逢官祿宮追太陰祿，再度轉忌到兄弟宮，交友宮追祿再度轉忌到福德宮，除了在工作上如魚得水、在感情上也春風得意，疾厄宮追祿共五祿，最後再度轉忌回到夫妻宮。

田宅宮化祿的飛化路線與財帛宮的飛化有相似，由此現象，我們可以下結論，此張命盤主人是屬於家境優渥，本身也很有本事賺錢，幾乎是不缺錢的格局。

只有在某些年會是機遇問題少賺些、或者是大手筆花了錢，無緣無故就花錢出去田宅宮直接忌出子女宮有很大關係，直接忌出到對宮的現象與速度就是很快，會讓人莫名其妙、摸不著頭緒自己為何會如此做？又或者會發生這樣的事在自己身上。

直接忌出到對宮與宮位的自化忌出，兩種忌出的力量還是有所不同，需要在看盤時多加注意。

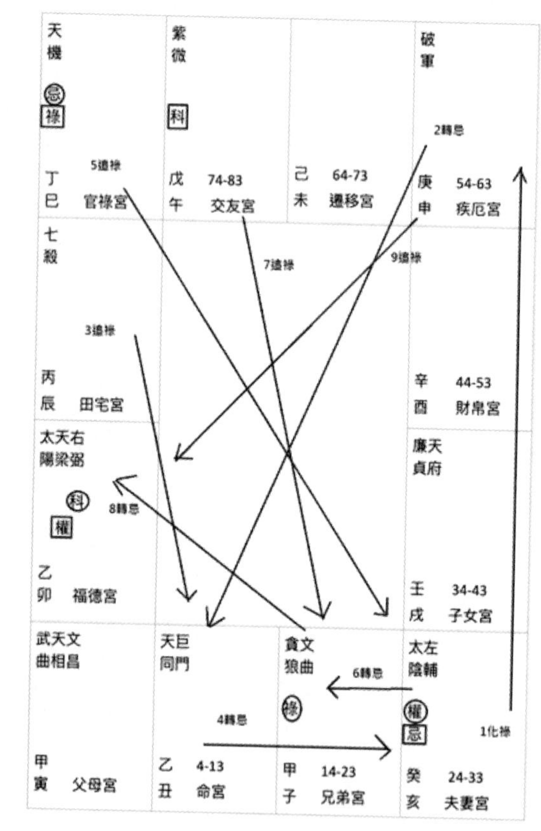

（圖 6-3）

圖 6-3

以夫妻宮立太極，當化祿到疾厄宮也表示容易遇到另一半體貼、深情對待，轉忌到命宮又逢田宅宮追祿到命宮，緣份無法擋，總是會常常遇到對象示好。

也表示命盤主人在感情路上總是永遠不缺男人，轉忌到夫妻宮又逢事業宮追祿到夫妻宮，當再度轉忌到兄弟宮，容易在工作上結交男性進而擦槍走火，交友宮追祿到兄弟宮轉忌到福德宮不只說明異性偏好魚水之歡，轉忌到福德宮享受宮位，也是讓命盤主人產生極大喜樂，樂衷此道。

照這樣目前看來大家一定會認為說此女一定會得到好姻緣嗎？

就像在愛情的路上，誰不渴望能遇到一位如便利貼女孩一樣隨傳隨到，每次交代的事都能如期完成，並且任勞任怨心甘情願幫忙付出的另一半呢？但是，如果真實面的她不如內心的期待展現，更沒能像便利貼女孩如此貼心，這樣的愛情到底還能維持多久的新鮮期呢？

在兩性關係中，男人會理性看待處理，女人則會感性面對，如果是你、你會選擇在這段壓抑的關係中，繼續忍耐或者願意嘗試努力掙脫呢？

尤其是遇到一位福德宮與命宮雙宮化忌入夫妻宮的人，對於感情會是超乎想像的執著與矛盾，忌的力量看似執著也會是責任，命宮的忌會是一種甘於付出，傻傻等待對方善意回應，而福德宮的忌則會因為自己偏執想法，不管三七二十一就是要另一半照著自己想法執行，若稍有那麼點偏差不合命盤主人意，那福德宮淺意識就會開始浮現挑剔念頭，猶如雞蛋裡挑骨頭。

既要馬兒跑，又要馬兒不吃草，天下哪有如此美事呢？

此張命盤偏偏又遇上夫妻宮有太陰生年權，夫妻宮又自化科，對方看似有能力但個性上卻會優柔寡斷，當需要你的呵護時，卻不能隨時在旁細心愛護，此時便會讓命主備感無力，某些情況不需另一半插手出意見時，偏偏就要跑出來搗蛋自認聰明。再加上對宮天機生年忌，由此可見24－33此大限夫官線兩頭見忌，在這大限如何經營感情，實在是一門大學問。

在我的解讀，如果愛情路上兩性對待關係無法製造雙贏，無法增進彼此之間的和諧對等關係，那是否該重新思考選擇分手這條路。以正面的角度來看待分手，放手告別反而是一種新的開始與轉變，分手不代表是失敗的例子，而是學會用看待事情的角度，與找出解套方法。

一段不健康的關係，反而會讓人情緒沮喪低落，不如放開一些會摧毀我們精力的人事物，在內心裡就能空出多餘的位置，來迎接更美好的事物。

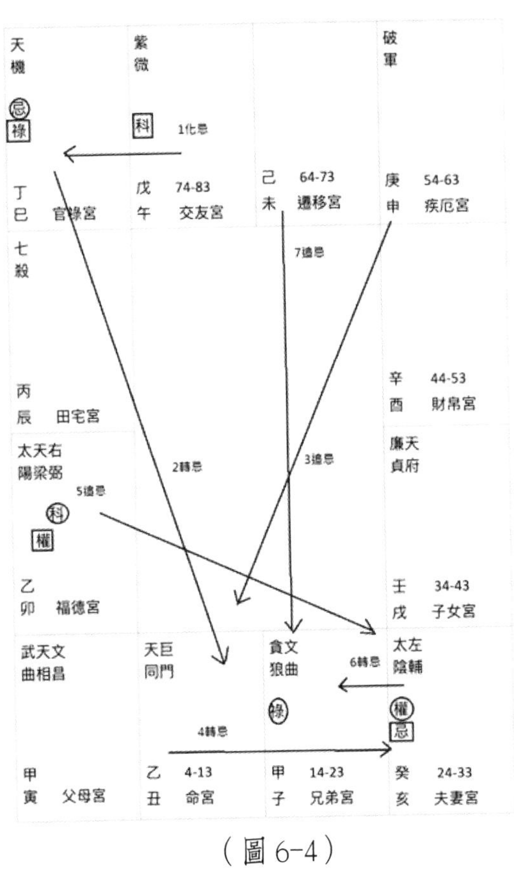

（圖 6-4）

圖 6-4

農曆一一〇年也就是西元二〇二一年是坐到本命命宮，這一年可能特別要注意夫妻之間會有爭吵，另一半可能會抱怨命主太專注在工作上，也因為工作的忙碌疏忽了對家庭的照顧，在彼此沒有共識之下，也會讓命主覺得已不再是剛開始認識的深情男人。

為了維持更好的婚姻品質，就是要做到很大的退讓，伴侶之間最怕發生冷戰與忽視，兩個僵持在冰冷地帶，無法感受任何一丁點溫情的熱度。彼此誰也不讓誰，就是堅持到底，看誰先認錯（心想：先認錯的一方也是代表輸家）。

愛情在時可以讓女人變成傻子，也會讓男人失去理智，一個懂妳愛妳的人，一定會願意為妳做所有的事，不惜所有代價也會想要滿足妳的所有要求，因為在他心裡，妳就是一切，失去了妳就等於失去全世界。

相對的，如果妳的另一半總是找出各種理由拒絕妳的要求，即使半天的時間也不願意給妳，那妳就要看清楚是不是被對方當備胎使用，用之無味、丟之可惜，勸妳趕快放手離開。

愛一個人，並不是難事，就是看他有沒有真心對妳，願意付出就證明是愛，凡事斤斤計較就是把妳看得卑微，這樣的人真是不值得妳用心等待。

紫微斗數是供我們參考如何引導改善自己，讓自己變好的一個輔佐方針，就像一朵玫瑰花一樣，想要讓玫瑰花變得嬌美，也需適時澆灌養份，適時修剪，想要變美變好，都是要有耐心付出時間努力的。

貼心小語：

懂得規劃安排自己的命盤，人生才能優活，懂得斷捨離的應用，人生才會更美麗；市道太亂，生活圈越是單純，就會離幸福越來越近。

看完此例，試著寫出如果你是這位命盤主人（或者是你自己），想要叮嚀自己力求改變的地方，讓我們一起努力朝這目標前進。也請記得標註日期，過些時候再往回看，我們已經完成哪些目標。

想改變1：

想改變2：

想改變3：

日期：

第七節　再次與陌生的自己相遇

圖 7–1

天文 機昌 科 忌 乙 巳　子女宮	紫 微 丙 午　夫妻宮	丁 未　兄弟宮	破 軍 戊　5-14 申　命宮
七 殺 甲 辰　財帛宮			文 曲 己　15-24 酉　父母宮
太天左 陽梁輔 癸　75-84 卯　疾厄宮			廉天 貞府 庚　25-34 戌　福德宮
武天 曲相 壬　65-74 寅　遷移宮	天巨 同門 權忌 癸　55-64 丑　交友宮	貪 狼 祿 壬　45-54 子　官祿宮	太右 陰弼 祿 權科 辛　35-44 亥　田宅宮

（圖 7–1）

生年祿在田宅宮：住宅環境好、容易增值。

生年權在交友宮：周圍朋友都是有權勢。

生年科在子女宮：小孩乖巧。

生年忌在交友宮：為人重情意、肯散財。

太陰生年祿（田宅宮）轉忌到子女宮。

巨門生年忌（交友宮）轉忌到官祿宮。

合生年祿與生年忌兩式，一生庸碌不得閒，嘴巴說要放下，但心裡還是丟不下擔子。自身好與壞都源自於此，與母親、兄弟姊妹家庭觀念有著深厚連結。

命宮化祿到官祿宮：容易找到與自己興趣相同的工作。

命宮化權到田宅宮：在家容易是一家之主、掌權，住家有庭院、適合店住合一。

命宮化科到田宅宮：房子大小適中。

命宮化忌到子女宮：容易驛馬、在家待不住、搬家、退財、疼惜小孩、捨的付出。

圖 7-2

天文 機昌 科 忌 乙 巳 子女宮	紫 微 丙 午 夫妻宮	丁 未 兄弟宮	破 軍 戊 5-14 申 命宮
七 殺 甲 辰 財帛宮	1化忌	3遁忌	文 曲 己 15-24 酉 父母宮
太天左 陽梁輔 5遁忌 癸 75-84 卯 疾厄宮		2轉忌	廉天 貞府 庚 25-34 戌 福德宮
武天 曲相 6轉忌 壬 65-74 寅 遷移宮	天巨 同門 權 忌 4轉忌 癸 55-64 丑 交友宮	貪 狼 祿 壬 45-54 子 官祿宮	太右 陰弼 祿 權 科 辛 35-44 亥 田宅宮

（圖 7-2）

太陰生年祿在田宅宮會有房產，太陰星是田宅主、又坐落在田宅宮當然得位，命宮又化太陰權入田宅宮拱了太陰生年祿，除了天生帶來的好運，再加上自身的努力，這樣的飛化房產絕對是不只一間。

太陰生年祿在田宅宮有子女宮化太陰忌夾祿，存有小孩會夾財現象，田宅宮直接忌出到子女宮本就會有大筆錢財流失。也要防止部屬背後搞鬼，交友宮有天同生年權巨門生年忌，權與忌在人的宮位是存有糾紛，命盤主人與朋友相處上有如大姐頭方式管教，並不是每個人都可以接受此模式，此段關係就容易產生拉鋸。

每一個起心動念的念頭就是因與果的呈現，一般人很難察覺自己行為是受念頭所影響，更不會質疑自己的看法是錯誤，總是隨波逐流，常不自覺地就跟對方的關係形成對立。

命盤主人父母宮文曲星曜自化忌出，會有習慣性嘮叨與不修邊幅的行為，父母宮為遷移宮的共宗六位，看遷移宮論在外社會際遇，也必須參考父母宮，涵養不佳、粗俗必定不得人緣，難登大雅之堂、無法在社會中佔有一席之地。

父母宮化武曲祿遷移宮逢福德宮追同星曜的權，入遷移宮武曲自化忌出，會因虛榮好勝、迎合，在外砸錢不手軟，遷移宮自化忌出的人存在耿直，處事不圓融。

一個成功者的先決具備條件除了IQ智商高、專業技術能力與良好工作態度，還必須俱足有處理人際關係的能力，EQ情商好、自省能力佳，人際關係就好，抗壓能力AQ逆境商數也絕對不能少，先天條件面面俱到，多一分準備就少一分差錯。

夫妻宮化廉貞忌到福德宮，又是讓人揪心的感情，轉天同忌到交友宮（夫妻的疾厄宮），在言語上無法溝通達到共識，兄弟宮追忌逢巨門生年忌，轉忌到官祿宮，疾厄宮追忌再度轉忌遷移宮自化忌出，夫妻宮立太極飛化呈四忌，這樣的婚姻日常拳打腳踢惡言相向是常演的戲碼，雙方的身體糾結忌在一起想離也難。

一張命盤一個故事，主角都習慣隱藏，把痛苦往肚裡吞；當對方予取予求時，別再合理化對方的行為，這樣做只會讓自己看不清對方的意圖，讓自己越陷越深。

處理衝突會讓人感到特別的不舒服，在當下要承受他人的責罵與不諒解，如何安頓與保護自己的心不受傷害；只要一察覺這股不適當的情緒能量正在覆蓋與侵蝕我們，立刻轉移心境或環境，找個地方喝個下午茶或咖啡，讓心情沉澱，也會是一個不錯的選擇。

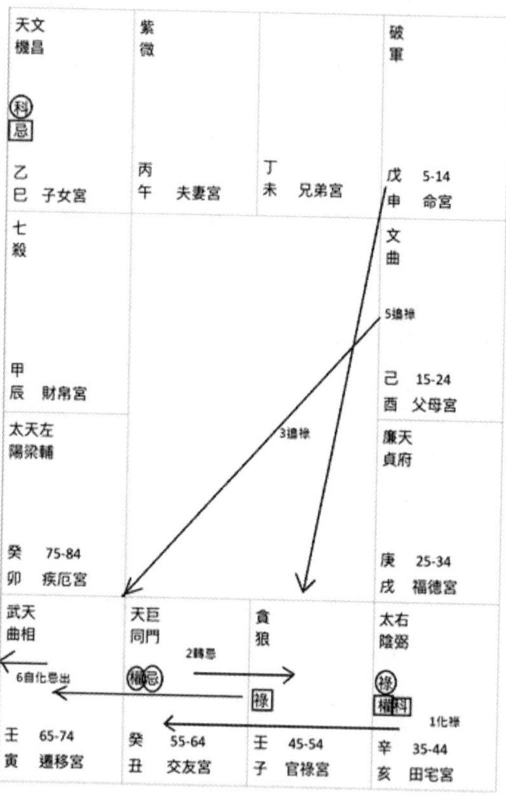

（圖 7-3）

圖 7-3

田宅宮化巨門祿到交友宮，又逢巨門生年忌，這會因為關係或利益處理不當而產生是非，這是一個課外解說當祿碰到忌會產生的一個化學變化。

既然是以祿，就暫且不提，先來看看是轉忌到官祿宮，所以常常會有跟朋友交流工作上的情報，命宮追貪狼祿到官祿宮，命盤主人能找到一份自己喜歡的事業，轉武曲忌到遷移宮，逢父母宮追武曲祿然後到遷移宮自化忌出，在外奔波賺錢實在是樂在其中，可以說是業務型分紅獎金式，也會容易在外花錢是不計較。

幸運絕對不是僥倖，幸運的降臨，必然是會落在懂得創造機會的人身上，選擇主動出擊一定比坐享其成更能獲得幸福之神的降臨。有時表面看來是山窮水盡，轉個彎卻是柳暗花明，只要自己不先放棄希望，每個轉角處都會有美麗的風景等著你，人生沒有走到最後都不知輸贏，別先幫自己判定結果，坐在輸家的位置上。

所有的不幸福，都是來自於比較，比較老公有沒有錢或比人家帥，老婆有比別人漂亮或者不夠賢慧，怨嘆自己工作能力不如人，錢也賺得不夠多，就是有太多太多的貪欲、慾望無止盡，期望過得比別人好的需求念頭日益增加，不曾減少，把自己推向不幸福泥沼中越陷越深。

貼心小語：

有時人生是未如預料，一切事境的變化，想過多、想過少都不好，最好的方式是接受當下宇宙自然變化，開心過日最重要。

看完此例，試著寫出如果你是這位命盤主人（或者是你自己），想要叮嚀自己力求改變的地方，讓我們一起努力朝這目標前進。也請記得標註日期，過些時候再往回看，我們已經完成哪些目標。

想改變1：

想改變2：

想改變3：

日期：

第八節　勇敢跟過去說再見

太陽 辛 35-44 巳 田宅宮	破軍 壬 45-54 午 官祿宮	天機 (祿) [忌] 癸 55-64 未 交友宮	紫微 天府 (科) 甲 65-74 申 遷移宮
武曲 庚 25-34 辰 福德宮			太陰 (忌) [權] 乙 75-84 酉 疾厄宮
天同 己 15-24 卯 父母宮			貪狼 [祿] 丙 戌 財帛宮
七殺 文昌 右弼 [科] 戊 5-14 寅 命宮	天梁 (權) 己 丑 兄弟宮	廉貞 天相 文曲 左輔 戊 子 夫妻宮	巨門 丁 亥 子女宮

（圖 8-1）

圖 8-1

生年祿在交友宮：容易得到朋友的資助與善知識。

生年權在兄弟宮：積極創業、也容易在事業上有成就。

生年科在遷移宮：在外易得貴人相助，也讓外人感覺平易近人、好相處。

生年忌在疾厄宮：較操勞、閒不下來，易操勞成疾病。

天機生年祿（交友宮）轉忌到財帛宮＋逢命宮、夫妻宮追祿轉忌回夫妻宮＋遷移宮追祿轉忌到交友宮，疾厄宮追祿轉忌到財帛宮。

太陰生年忌（疾厄宮）自化忌出。

合生年祿與生年忌兩式，先天資源不錯，若沒有後天選擇錯誤，不至於把自己的路走窄。

身體不得閒，願意為朋友兩肋插刀在所不惜，人說施比受更有福，所以也會得到一群貴人般的好友。

七殺屬於戰將型，一臉嚴肅，只懂勇往直前，不計較成果，並且勇於承擔責任。七殺不宜與右弼同宮（殺、破、狼），易感情困擾，左輔、右弼均重感情，尤其是右弼、初戀不會成功，卻會永遠懷念對方，右弼為傳令星，較熱心雞婆、講義氣，右弼在女生的命宮會較害羞膽小。

文昌入命宮，做事條理分明，博學多才能；卻受陀羅入命宮影響，對親情與感情較不懂得拿捏尺寸，一生波折不服輸、多是非，也頑固，容易庸人自擾造成精神折磨，另一個意思是說會暗中進行令人不解，優柔寡斷、做事沒有頭緒，無法在當下做一個決策，容易思慮過多。

生年祿在交友宮，表示會有人際上的幫助的好處，天機祿也會交到一群宗教同好，轉忌到財帛宮是這些同好也樂於介紹門路賺錢，命宮追貪狼到財帛，你也喜歡賺錢，也認同想法跟隨；轉忌入夫妻，跟錢有緣，金錢觀容易知足，尊重關心另一半、在金錢上也是不會計較，與父母好相處（財帛宮是父母宮的疾厄宮）。

命宮化祿到財帛宮：喜歡賺錢。

命宮化權到疾厄宮：容易因為覺得自己體力及耐力不錯，拖延看病。

命宮自化科：秀氣、想做的事很多卻也優柔寡斷誤事。

命宮化忌到交友宮：對朋友付出不求回報。

當我們處在面臨選擇時，價值觀常常是主導選擇人生方向的主要因素，而這些價值觀因素也會隨著年齡、心境、歷練有所改變。為了順應社會主流價值觀，迷失了自己把自己變成社會所期待的樣子，喪失了自己原本優勢的本能，到底是為了生活而工作？還是為了工作而工作？還是為了理想工作？我們到底可以做些什麼？

在人事不同的階段，也需要不同的朋友結伴而行，人際相處也要適時懂得說「不」，拒絕不必要的情緒勒索，一切默默承受，只想當選「好人好事代表」並不會幫到對方，只是讓對方認為下次還可以如此要求你，你的善良與愛心不可以如此讓人濫用。

善良的定義，是好說話？好商量？還是習慣妥協？習慣吃虧？委曲求全呢？到最後沒得到認可，得到的盡是傷害，最後發現很多人都在消耗你寶貴的時間與金錢。

我們都希望事情能依照我們所規劃的藍圖得以順利進行，天下無不散之宴席，人生無常反反覆覆，想開了、想明白了，就不會覺得自己孤苦無依，因為即使暫且讓你留住了人，也未必留得住心。

太陽 辛 35-44 巳 田宅宮	破軍 壬 45-54 午 官祿宮	天機 祿 忌 癸 55-64 未 交友宮	紫微天府 科 3追祿 甲 65-74 申 遷移宮
武曲 庚 25-34 辰 福德宮	4 轉忌		太陰 忌 權 5追祿 乙 75-84 酉 疾厄宮
天同 己 15-24 卯 父母宮			貪狼 2轉忌 祿 丙 戌 財帛宮
七殺文昌右弼 1化祿 科 戊 5-14 寅 命宮	天梁 權 己 丑 兄弟宮	廉貞天相文曲左輔 1化祿 戊 子 夫妻宮	巨門 丁 亥 子女宮

（圖 8-2）

圖 8-2

命宮與夫妻宮化祿財帛宮轉忌回夫妻宮，遷移宮追祿夫妻宮轉忌交友宮，能得善緣，也能同心一起奮鬥，疾厄宮追祿交友宮轉忌回財帛宮，在外待人親切、好相處，樂於與人分享，廣結善緣並以此得財。

飛星紫微斗數就是一宮一宮的飛化，清楚四化祿、權、科、忌各代表的含意，四化落在各宮位又存有何種意思，慢慢便會熟練，就可以輕易解釋。

慢慢可以從命盤中理解，命中帶了多少資糧？

然後你可以靠這些資糧，產生多少效應呢？

我需要在哪個地方為自己再加強做些調整？

感情、親情我該如何經營，讓情感加分呢？

在工作上我該做怎樣的修繕，讓工作有所突破呢？

就這樣依序為自己做好管理，如同小孩子打預防針，例如疾厄宮就是健康管理，夫妻宮就是感情管理，提早預知先幫自己做好規劃，就像買保險與儲蓄險給自己多一層保障。

生命無常，珍惜當下，先學會瞭解自己才能懂得如何與自己和平相處。幸福是一種心境，懂得幫自己改寫人生劇本，記得沒有最好的，只有最適合的，多數人最容易困在金錢與經濟狀況、生涯規劃、人際關係、家族溝通、親子關係中，有些人選擇不面對，這是潛在內心裡的軟弱、不負責任。

貼心小語：

與其在生活中怨天尤人，還不如多讀點書，提升自己的內涵和氣質，真正有氣質、有文化的人，絕不是靠外在衣服裝扮。

看完此例，試著寫出如果你是這位命盤主人（或者是你自己），想要叮嚀自己力求改變的地方，讓我們一起努力朝這目標前進。也請記得標註日期，過些時候再往回看，我們已經完成哪些目標。

想改變1：

想改變2：

想改變3：

日期：

第九節　生命的意義，在於認識自己

命宮坐天梁會給人很成熟穩重、老成的表現，天同星做事不積極、小孩子氣，兩顆星同坐就會讓人產生外表看似成熟，有時又覺得行為有些幼稚。

辛 巳　田宅宮	天機 祿 忌 壬 午　官祿宮	紫微 破軍 科 癸　75-84 未　交友宮	甲　65-74 申　遷移宮
太陽 庚 辰　福德宮			天府 乙　55-64 酉　疾厄宮
武曲 七殺 文曲 左輔 己 卯　父母宮			太陰 忌 權 丙　45-54 戌　財帛宮
天同 天梁 權 戊　5-14 寅　命宮	天相 己　15-24 丑　兄弟宮	巨門 戊　25-34 子　夫妻宮	廉貞 貪狼 文昌 右弼 祿 科 丁　35-44 亥　子女宮

（圖 9-1）

第一印象在心理學家來說，人跟人之間在見面後的五秒之內，就會產生所謂的首輪效應，也會有先入為主的觀念。如果你沒親身經歷此張命盤主人荒唐行徑，光從外表也實在無法看出，只能憑第一眼看到外表來認定。

圖 9-1

生年祿在官祿宮：表示容易找到工作，可以得到溫飽。

生年權在命宮：主觀意識強，不輕易接受別人看法。

生年科在交友宮：容易交到不錯與有能力的朋友。

生年忌在財帛宮：賺辛苦錢，適合現金生意，格局好、愛賺錢、積少成多。

天機生年祿（官祿宮）轉忌父母宮＋父母宮自化祿自化忌出。

太陰生年忌（財帛宮）轉忌子女宮＋交友宮追忌、田宅宮追忌轉忌夫妻宮直接忌出官祿宮＋逢命宮的忌轉忌父母宮＋兄弟宮追忌父母宮自化忌出。

合生年祿與生年忌兩式，此生會過著顛沛流離人生，將自身情緒投射在周圍親人身上，給家庭成員帶來極大恐懼感，讓親人活在言語暴力之下。

命宮化祿到子女宮：喜愛往外跑，也喜歡與小孩相處。

命宮化權到財帛宮：具有膽識與遠見，敢賺也敢花。

命宮化科到子女宮：對待小孩輕聲細語。

命宮化忌到官祿宮：對事業的執著與專注。

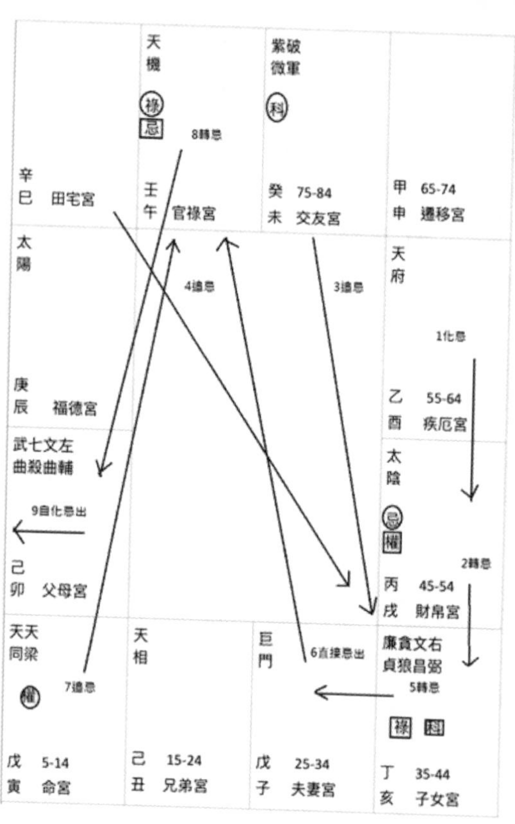

（圖9-2）

圖 9-2

華偉（化名）生長在一個小康家庭，從小是被奶奶帶大，又是家中獨子、集三千寵愛於一身，為何在成長的過程中就像一顆不定時炸彈，老是給父母親帶來慘痛的傷害呢？到底問題是出在哪裡呢？

看似一個正常的家庭，為什麼家裡會出現一個老是跟家裡不對盤，老是帶來一些問題讓老父親處理，甚至敗光家裡的財產。但老父親還是滿懷希望兒子會學好，然後一直在付出、一直耐心在等待兒子能改邪歸正。

這就是天下父母心，總是相信自己的小孩會有變好的那一天！

然而為什麼跟越親的家人反而越沒有耐心呢？

難道已經認定就算把親人當出氣筒，也會獲得寬容與體諒，所以更大膽做出放肆的行為？

難道是親人的包容反而讓我們覺得家人是該理所當然承受這樣的傷害，只因為抓住親人不會計較與記恨的心理。

疾厄宮化忌入財帛宮逢太陰生年忌，轉忌入子女宮，在外會動歪念頭想盡辦法賺錢，不會依循正當管道賺取金錢，交友宮與田宅宮追忌轉忌入夫妻宮直接忌出到對宮官祿宮，逢命宮的忌再度轉忌入父母宮，兄弟宮追忌自化忌出，在外行為讓家中父母一次又一次收拾爛攤子。

以上共七忌足以敗光一個家的所有家產，連婚姻也賠上，也會牽扯官司，最後落得被大家當成瘟神一樣，避之唯恐不及。

35－44大運二〇一八年結束婚姻，疾厄宮（大限夫妻宮、流年夫妻宮）化忌入財帛宮（大限兄弟宮、流年兄弟宮）逢太陰生年忌，轉忌入子女宮（大限命宮、流年命宮），交友宮（大限財帛宮、流年財帛宮）與田宅宮（大限遷移宮、流年遷移宮）追忌轉忌入夫妻宮（大限父母宮、流年父母宮）直接忌出到對宮官祿宮（大限疾厄宮、流年疾厄宮），逢命宮（大限田宅宮、流年田宅宮）的忌再度轉忌入父母宮（大限官祿宮、流年官祿宮），兄弟宮（大限福德宮、流年福德宮）追忌自化忌出。

離婚相關宮位：夫妻宮、田宅宮、父母宮，參酌疾厄宮、交友宮、福德宮。對應的宮位越多，符合天地人，本命、大命、流命，就容易構成現象，也能進一步敲出時間點。

這樣的飛化也會產生萬念俱灰的灰暗思想，玉石俱焚的壞念頭。一個人會有脫序的行為產生，也沉溺在無意義的事物上，我們已經發現他開始失控脫離正軌，不像是一般人的正常思維。他開始喜歡追求賭博這種刺激，來滿足自己一時的私慾，也開始瘋狂到無可救藥轉向地下錢莊借貸，到了不可收拾再轉向親戚求救，苦苦哀求是最後一次，當無人伸出援手時開始殘暴威脅父母同歸於盡，而他本人還覺得無異常。

精神病態與社會病態不易區分，社會病態至少是有同理心，在現實生活裡，要揭發一位會傷害人的精神病態疾病的人，著實不容易，因為他善於隱藏。我們在與人接觸時，在當下實在很難以界定這個人是否屬於精神病態的一種。很多衣冠楚楚表面總是客客氣氣以禮相待，卻在發生事情的那一瞬間，會令人無法置信。

官司相關宮位：父母宮，參酌事業宮、遷移宮、命宮、福德宮、疾厄宮串連廉貞忌四忌以上。

死亡相關宮位：福德宮、疾厄宮、遷移宮、兄弟宮、子女宮。

瞭解創傷根源，才能療癒身心與放下傷痛，應該追究的是引起事件的原因，然後造就現在的目的，到底是因為不安，所以無法走出去，還是因為不想走出去，所以製造出更不安的情緒，這是阿德勒的「目的論」，人並非受制於過去原因而行動，而是朝自己決定的目的而行動。

在每個人的成長歷程會有一個穩定安全依附的對象，比如媽媽，但未必每個孩子的成長過程中都會有媽媽照顧，照顧他們的對象有可能是爺爺、奶奶或保母等等，成長過程中被隔代教養總會有一些文化隔閡。

從小被阿嬤帶大的小孩，在父母原生家庭得不到的溫暖，會幻想在另一半身上獲得，這也是一種反移情作用；指將自己過往對重要他人的感情投射在當事人身上，因此對當事人產生莫名的情緒。

當長大後回到父母身邊，反而會怨恨父母為何把自己帶離阿嬤身邊，兒童在成長的環境對日後他在情緒的表達都有直接的影響，包含到長大後的戀愛態度，與婚姻對待的關係。

事實上，每個人都多少帶著原生家庭傷口長大，每個人的內心都存有缺憾，在原生家庭得不到關注與愛時，便會往外尋求另一位能提供自己在原生家庭欠缺的元素。當發現現實與夢想不符合自己的需求時，接踵而來的是抗拒、焦慮與埋怨，並且把責任歸咎在對方身上，而不是真正看待與探討自身問題，最後就是陷在漩渦無法自拔，一直重複同樣的戲碼。

我們無法選擇自己的出生、環境、家人，很多的不幸，都是自己選的。境遇並不能決定我們成為什麼樣的人，卻讓我們從中看見自己的本質，靜心的覺察，能轉變覺知，當你看見了，學習到了，改變了，禍福就跟著改變。

當你現在的心念改變，就會影響決定你的未來，「未來」是由現在的你創造出來~

貼心小語：

每個人都需要發掘內心真實的自我，認識自己、瞭解自己，進而有做自己的勇氣。想發揮自己潛能與達到巔峰表現，需要持續不斷地努力與改善，相信自己絕對有勇氣做得到，相信自己有自我規約的能力，能做出正確的選擇，讓自己由內而外的改變，達到身心靈均衡。

看完此例，試著寫出如果你是這位命盤主人（或者是你自己），想要叮嚀自己力求改變的地方，讓我們一起努力朝這目標前進。也請記得標註日期，過些時候再往回看，我們已經完成哪些目標。

想改變1：

想改變2：

想改變3：

日期：

太陰 祿(圈) 科(框) 乙巳 官祿宮	貪狼 忌(框) 丙午 73-82 交友宮	天同 巨門 權忌(圈) 權(框) 丁未 63-72 遷移宮	武曲 天相 戊申 53-62 疾厄宮
廉貞 天府 甲辰 田宅宮			太陽 天梁 己酉 43-52 財帛宮
文曲 癸卯 福德宮			七殺 庚戌 33-42 子女宮
破軍 祿(框) 壬寅 父母宮	癸丑 3-12 命宮	紫微 右弼 壬子 13-22 兄弟宮	天機 文昌 科(圈) 辛亥 23-32 夫妻宮

（圖9-3）

圖9-3

生年祿在官祿宮：工作機會多，容易找到自己喜歡的工作。

生年權在遷移宮：在外積極、有擔當，格局差易不謙虛、易與人結怨。

生年科在夫妻宮：配偶秀氣、易有藕斷絲連的感情。

生年忌在遷移宮：應變能力差、不善於察言觀色。

太陰生年祿（官祿宮）自化忌出。

巨門生年忌（遷移宮）自化忌出。

合生年祿與生年忌兩式，沒有天生的好運，想過好日子，只有靠後天更加倍的努力。

命宮化祿父母宮：喜親近長輩。

命宮化權遷移宮：在外有活力、膽識。

命宮化科官祿宮：做事多猶豫。

命宮化忌交友宮：重情義、願意為朋友付出。

遷移宮坐天同生年權又自化權、巨門生年忌然後又自化忌出，命宮與福德宮又化巨門權入遷移宮湊熱鬧，在外會逞兇鬥狠，嘴下不留情，一點也不留餘地。以上就是飛星紫微斗數靠著一宮一宮的飛化所得到的答案。

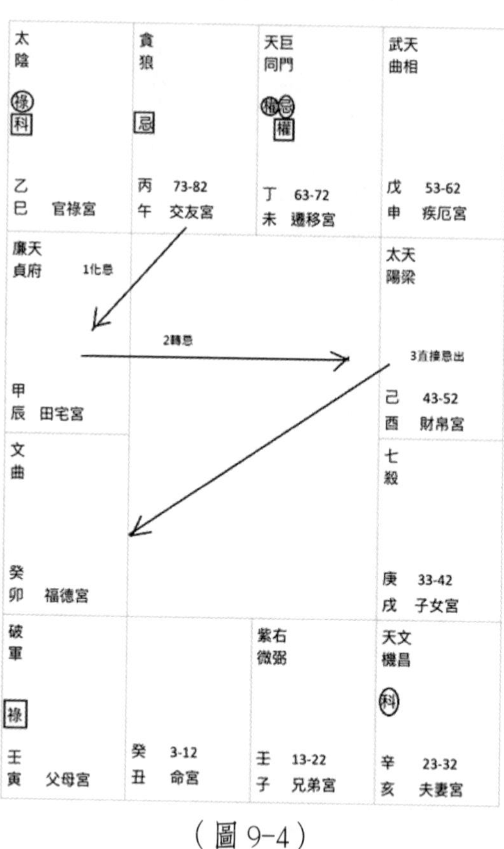

（圖 9-4）

我們透過命盤抽絲剝繭，想得到一個合理的人生答案，雖然有時往往答案不盡理想，卻能在命盤裡，根據心理學家所說歸因理論中觀察自己與他人行為時，對這些行為的解釋與推論，能讓我們理解行為背後的原因，也讓人慢慢釋懷與接受命盤主人的動機。

心理學是在探討人的行為，想要瞭解人的心，什麼樣的人格特質會產生暴力犯罪行為？還是因為內心產生挫折感引發攻擊？像這樣的人格特質我們又能在命盤上哪裡發現呢？

命盤上的心理陷阱－情緒宮位，總是影響大腦機制做出不妥當的判斷選擇，在情緒爆發的同時，是否先冷靜下來，瞭解事情的原貌或真相，之後再來決定是否值得生氣。靜下心問自己，爆發脾氣能解決什麼問題？是否會傷害對方，然後又製造出新的問題呢？

情緒的爆發，並不是氣勢壓過了對方，就是勝利的一方，最大的勝利是戰勝自己，使自己心平氣和來解決問題，才是最大的贏家。

圖 9-4

交友宮化廉貞忌入田宅宮，轉忌入財帛宮直接忌出到對宮，由於廉貞星曜是賭博星，會因為交到損友染到惡習，遷移宮自化忌出的不善於觀察，被慫恿涉入騙局損失財物。

最後還是因為父母與兄弟金錢上的幫忙，來解決因為被設局惹出來的禍端，對此，命盤主人是深深地愧疚。

看到這裡你一定覺得很納悶這條解釋怎麼來的呢?簡單看法就是父母宮與兄弟宮化祿入財帛，轉忌入福德宮，這就是飛星紫微斗數令人著迷的地方，就等你慢慢挖掘。

貼心小語：

常存感恩之心怡然自得，世間緣一切皆由自己的心而來，走著走著，觀心自省，自然懂得原來一切都是最好的安排。

看完此例，試著寫出如果你是這位命盤主人（或者是你自己），想要叮嚀自己力求改變的地方，讓我們一起努力朝這目標前進。也請記得標註日期，過些時候再往回看，我們已經完成哪些目標。

想改變1：

想改變2：

想改變3：

日期：

第十節　親愛的妳，將不再孤單

紫七 微殺 己　3-12 巳　命宮	庚　13-22 午　父母宮	辛　23-32 未　福德宮	壬　33-42 申　田宅宮
天天左 機梁輔 科 科 戊 辰　兄弟宮			廉破 貞軍 癸　43-52 酉　官祿宮
天 相 丁 卯　夫妻宮			右 弼 甲　53-62 戌　交友宮
太巨 陽門 丙 寅　子女宮	武貪文文 曲狼昌曲 祿權　忌 祿權　忌 丁 丑　財帛宮	天太 同陰 丙　73-82 子　疾厄宮	天 府 乙　63-72 亥　遷移宮

（圖 10-1）

當你開始對自己的人生產生懷疑，不管在工作上、感情上、家庭關係絲毫引不起任何喜歡與喜悅的心情。

請停下腳步好好看自己，我們在成長的過程中，已經蛻變成什麼模樣，是你所喜愛的樣子嗎？

玲玲（化名）是一個長得很秀氣的女生，並不如命宮上的紫微星跟七殺星有著勇往直前的衝動個性，或許就是命宮又有一顆煞星陀螺影響，在想要往前衝時，又會質疑，像陀螺一樣在原地打轉不敢往前，我遇到很多命宮有坐陀螺星的命盤主人，在交談的當下都是猛點頭可以理解你說的話，但一轉身沒多久後，就把叮嚀的話拋到九霄雲外。

圖 10-1

生年祿在財帛宮：跟錢有緣，也表示不缺錢。

生年權在財帛宮：適合做業務開發，積極、容易賺到錢。

生年科在兄弟宮：理財有規劃。

生年忌在財帛宮：認真賺錢、適合做現金生意，積少成多。

武曲生年祿（財帛宮）轉忌子女宮＋福德宮追祿轉忌官祿宮＋交友宮追祿轉忌財帛宮。

文曲生年忌（財帛宮）轉忌子女宮＋交友宮追忌轉忌官祿宮。

合生年祿與生年忌兩式，此生標準職業婦女命，或許可以試著學些一技之長，幫助自己在事業上突破。

命宮化祿到財帛宮：跟錢有緣，也容易因為享受多花用不自覺。

命宮化權到財帛宮：有野心、積極想賺錢，敢賺也敢花。

命宮化科到兄弟宮：理財有方法，跟兄弟相處也客氣。

命宮化忌到財帛宮：愛財如命、賺錢認真，很怕沒錢賺，也表示閒不下來。

紫七 微殺 己 3-12 巳 命宮	庚 13-22 午 父母宮	辛 23-32 未 福德宮	壬 33-42 申 田宅宮
天天左 機梁輔 科 科 戊 辰 兄弟宮			廉破 貞軍 癸 43-52 酉 官祿宮
天 相 丁 卯 夫妻宮			右 弼 甲 53-62 戌 交友宮
太巨 陽門 丙 寅 子女宮	武貪文文 曲狼昌曲 祿權 忌 祿權 忌 丁 丑 財帛宮	天太 同陰 丙 73-82 子 疾厄宮	天 府 乙 63-72 亥 遷移宮

1化祿　2轉忌　3追祿　4轉忌　5追祿　6轉忌　7追祿　1化祿

（圖 10-2）

命宮有紫微星七殺星會把殺力表現在工作上，也挺得住與耐吃苦。紫微星七殺星會喜歡獨當一面，命宮坐陀螺也會固執，有時又像陀螺一樣想啊想的，越轉越暈就又轉不出來，原地打住。

命宮化武曲祿到財帛跟錢財有緣，轉巨門忌到子女，喜歡往外跑，適合業務往外賺錢，逢福德宮追巨門祿也喜歡往外跑，也對小輩會較通融講好話，轉忌到官祿宮會想找自己有興趣的工作，也會容易找到。

逢交友宮追祿經由人氣或朋友介紹，再度轉忌到財帛宮，自然是可以賺到錢，兄弟宮再度追貪狼祿到財帛宮，適合做現金生意。

命宮化文曲忌到財帛宮再加上生年忌，勢必在外享受花錢或者在理財上會有點腦筋轉不過來，轉巨門忌到子女宮再逢交友宮追太陽忌到子女宮，再度轉忌到事業宮，勢必會有朋友找合夥。（福德也化科忌到財帛，沒錢賺會很難過）

田宅化武曲忌到財帛宮本就會漏財，經濟壓力或貸款負擔，轉忌到子女宮沖田宅宮勢必錢財存不住，或有金錢壓力覺得賺錢很慢，命盤有此現象需加強規劃理財。

圖 10–2

在面對傳統社會家庭傳宗接代的壓力之下，女人一到適婚年齡，難免還是會遇到被家人逼婚的窘境，想瞭解命盤上與異性如何相識到相戀，是因為被對方外表、能力吸引，是由彼此親近的人介紹，還是工作職場上近水樓臺先得月呢？

看緣份就是由夫妻宮立太極，夫妻宮與財帛宮化祿入疾厄宮，轉忌入官祿宮，這個緣份就容易是在職場上認識，交友宮追祿轉忌入財帛宮，相信這另一半不會是吝嗇、一毛不拔的鐵公雞。兄弟宮追祿轉忌子女宮，福德宮追祿轉忌官祿宮，看來身體也不錯，絕對是讓命盤主人性福、讚不絕口。

目前為止，如果妳的伴侶並不是這樣的條件，那有可能命中註定的真命天子還未出現。

女人就該活得優雅與自在，不糾結世俗無謂煩惱，不爭不吵是一種修養，也是人生大智慧，即使身處紛擾環境，也能淡然處之。在所謂的愛情世界裡，沒有存在對或錯的人。

女人要活得灑脫一點，該留的留，該扔的就扔。劉濤曾說：女人最該扔掉三樣東西，過時的衣服、玩心眼的姊妹、不疼妳的男人。

青春那麼短，辛苦給誰看？

貼心小語：

身處紅塵中是一條最難修行的道路，在面對繁雜的人事物，經常要學著轉換心的看法，然後慢慢修練自己的心保持處之泰然的態度；不論學習何種學術或修行都需要維持一顆自省的心，保持正念，當心靈的覺醒，才能更認識到真實的自己。每個經歷都是在發現自我，發自內心真正的喜悅，發揮天賦幫助他人。

看完此例，試著寫出如果你是這位命盤主人（或者是你自己），想要叮嚀自己力求改變的地方，讓我們一起努力朝這目標前進。也請記得標註日期，過些時候再往回看，我們已經完成哪些目標。

想改變1：

想改變2：

想改變3：

日期：

第十一節 人生藍圖的定位

圖 11-1

廉貪 貞狼 祿 乙 巳　父母宮	巨 門 忌 丙 午　福德宮	天 相 丁 未　田宅宮	天天 同梁 權 戊 申　官祿宮
太文 陰昌 祿 甲　6-15 辰　命宮			武七 曲殺 科 己　76-85 酉　交友宮
天 府 癸　16-25 卯　兄弟宮			太文 陽曲 忌 庚　66-75 戌　遷移宮
右 弼 壬　26-35 寅　夫妻宮	紫破 微軍 權 癸　36-45 丑　子女宮	天左 機輔 科 壬　46-55 子　財帛宮	辛　56-65 亥　疾厄宮

（圖 11-1）

生年祿在命宮：有福之人、凡事都能逢凶化吉。

生年權在官祿宮：擁有專業、一技之長，能獨當一面。

生年科在財帛宮：收入不高，夠用。

生年忌在福德宮：少投機、往專業性的研發與開創。

太陰生年祿（命宮）轉忌遷移宮＋遷移宮自化祿轉忌官祿宮＋福德宮追祿轉忌財帛宮＋父母宮追祿轉忌交友宮＋交友宮自化祿轉忌遷移宮。

巨門生年忌（福德宮）轉忌父母宮＋子女宮、兄弟宮追忌轉忌命宮＋疾厄宮追忌轉忌命宮＋直接忌出到對宮＋交友宮追忌轉忌官祿宮。

合生年祿與生年忌兩式，此生課題需要多付出與關懷他人，老天給你的資源不會少，讓你無後顧之憂，有多餘的能力幫助他人。

先看生年四化在十二宮位的現象，生年四化是根據命主生辰年衍生，生年祿與生年忌都是要經由宮干，再度轉忌到下一個宮位。而轉忌的宮位便等同有生年祿或者生年忌的力量，生年權跟生年科是不能轉忌，只能拱祿的好與加速忌的力量。

以此張命盤舉例，生年祿在命宮的人，通情達理，隨緣不固執，較能隨遇而安，生年祿在命宮轉忌到遷移宮，等同遷移宮也有生年祿的力量，即使有忌的阻擋，還是能逢凶化吉。

命宮化祿到父母宮：長輩緣好、溫和有禮。

命宮化權到子女宮：合夥有成、掌權者。

命宮化科到交友宮：君子之交，以禮待人。

命宮化忌到遷移宮：少心機、後知後覺。

廉貪 貞狼 祿 乙 巳　父母宮	巨 門 忌 丙 午　福德宮	天 相 丁 未　田宅宮	天天 同梁 權 4轉忌 戊 申　官祿宮
太文 陰昌 2轉忌 祿 甲　6-15 辰　命宮			武七 曲殺 科　3遁忌 己　76-85 酉　交友宮
天 府 癸　16-25 卯　兄弟宮			太文 陽曲 忌 庚　66-75 戌　遷移宮
右 弼 壬　26-35 寅　夫妻宮	紫破 微軍 權 癸　36-45 丑　子女宮	天左 機輔 科 壬　46-55 子　財帛宮	1化忌 辛　56-65 亥　疾厄宮

（圖 11-2）

命宮坐太陰星的人，天生會帶有一股憂愁氣息，此股氣息中又帶有那柔柔氣質魅力深深吸引人，有點像國外帥帥的王子騎在白馬上，遵從國王的指示即將迎娶自己不愛的女人，心裡的百般不願由然浮現在臉上，呈現一臉憂鬱卻又不失貴氣。

太陰星較不適宜男命，多愁善感、容易有優柔寡斷現象，有時在需要做決策時，容易把自己陷於泥淖。

命宮有太陰生年祿，再加上田宅宮飛太陰祿來到命宮，會有長輩留些不動產或資源給命主，這是命盤與生俱來的優勢。

圖 11-2

疾厄宮化忌入命宮，忙碌、無法閒下來，身不由己，轉忌入遷移宮，工作需要四處跑，交友宮追忌轉忌入官祿宮，需要不停地與人接觸溝通協調。

圖 11-3

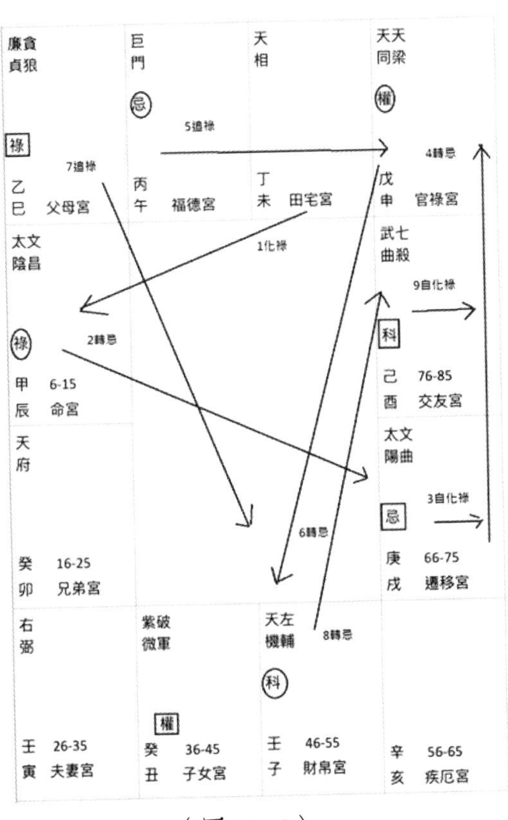

（圖 11-3）

以田宅宮立太極，化太陰祿到命宮轉忌到遷移宮，以這三宮的串連象義解釋，表示會得到家裡贈與的房產，家裡經濟狀況是不錯。雖無其他宮追祿進來，由命宮轉太陽忌到遷移宮，遷移宮太陽自化祿，此式得以再繼續轉忌到下一個宮位。

目前為止田宅的一祿，加上太陰生年祿共兩祿，轉到遷移宮的太陽自化祿也算一祿，所以是三祿，遷移宮轉天同忌到官祿宮逢福德宮追四祿到官祿宮，又有天同生年權輔佐事業宮，看得出日後可以是店住合一，在家就打上自己的招牌，以天同（卜卦）為業助人。

四祿一權經由天機忌轉到財帛宮，那肯定就可以直言斷定此人在命理這條路上會賺到錢，在財帛宮逢天機生年科，會是屬於一筆接一筆的財源；父母宮追祿轉忌交友宮，交友宮自化祿轉忌遷移宮，會有個人代表著作出版，讓此人在命理區域享有名氣，於是在二〇一七年出版了東方能量指引卡。

先天有天賦使命的人，都是不知不覺被導航到這條系統與路上，這條路讓命盤主人從一開始無心插柳，走到現在也十六、七年，能堅持到現在著實不簡單，畢竟塔羅界也是人才濟濟。

一件事情要能堅持數十載，這真的要有異於他人的毅力才辦得到，一般人稍有不順便會放棄。

有些人屬於大器晚成，耐心不斷累積經歷，終有嶄露頭角、出人頭地的一天，像中國歷史上第一位平民出身的皇帝「劉邦」，一開始也是無所事事，到了50幾歲變了角色成為帝王，姜太公也是到了80歲才被周文王賞識提拔。

當你在聽了一些成功人士激勵人心的經驗談之後，是否也曾經想像自己也能跟他們一樣呢？

當你沒有過人的好運，除了IQ、EQ，你還需要WQ（willpower，意志力），只有過人的意志力，才能堅持屹立不倒，各方面都需配合得當。

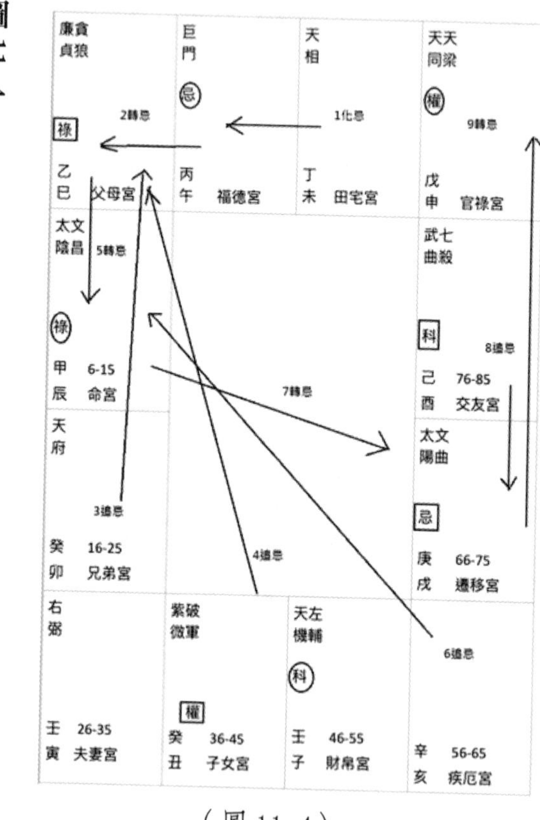

（圖 11-4）

圖 11-4

以田宅宮立太極化忌入福德宮，逢巨門生年忌，家曾經帶給命盤主人無法承受的壓力，轉忌入父母宮，兄弟宮、子女宮追忌轉忌入命宮，對有責任擔當的命盤主人來說，要內外兼顧是件難事，直接忌出到遷移宮，難免會產生情緒反彈，交友宮追忌轉忌到官祿宮。

像這樣的飛化，事業的起伏、投資事業不順都是有可能發生，事業的規模需看成就位（兄弟宮）的好壞，營謀生計看遷移宮，經濟能力攸關於事業的規模。事業的經營得失，官祿宮、父母宮與兄弟宮皆要參酌，兄弟宮是財帛宮的田宅宮，也是財帛（現金）的收藏宮，是看銀行存款。兄弟宮也是事業宮的疾厄宮，可看出一家公司內部營運與管理。父母宮是事業宮的子女宮，是看事業的子公司，也是看同業競爭位。

由以上幾個宮位的串連田宅宮化出的忌，都會面臨經營不善的窘境，最好的建議是別做大金額的投資，鐵定回本慢、也容易大破財，像命盤主人現階段的當講師職業最穩當，無需資金投入，善用天賦智慧幫人解厄。

貼心小語：

沉默是因為懂得太多，不爭是因為內心豐足。

越是安靜，越有力量，不追求我是誰，只是靜觀、只是靜等機遇與知己，安靜的美勝過一切，靜心靜默在世界某個角落接引有緣人。

看完此例，試著寫出如果你是這位命盤主人（或者是你自己），想要叮嚀自己力求改變的地方，讓我們一起努力朝這目標前進。也請記得標註日期，過些時候再往回看，我們已經完成哪些目標。

想改變1：

想改變2：

想改變3：

日期：

天 相 丁　62-71 巳　遷移宮	天 梁 戊　72-81 午　疾厄宮	廉七左右 貞殺輔弼 科 己 未　財帛宮	庚 申　子女宮
巨文 門昌 權 丙　52-61 辰　交友宮			辛 酉　夫妻宮
紫貪 微狼 祿 忌 乙　42-51 卯　官祿宮			天文 同曲 壬 戌　兄弟宮
天太 機陰 忌權 科 甲　32-41 寅　田宅宮	天 府 乙　22-31 丑　福德宮	太 陽 甲　12-21 子　父母宮	武破 曲軍 祿 癸　2-11 亥　命宮

（圖 11-5）

圖 11-5

生年祿在官祿宮：會有一份穩定收入的事業。

生年權在田宅宮：住家大、有庭院，容易創業、拓展財富。

生年科在財帛宮：財源穩定。

生年忌在田宅宮：有責任、守成、顧家。

貪狼生年祿（官祿宮）轉忌田宅宮＋遷移宮追祿轉忌父母宮。

天機生年忌（田宅宮）轉忌父母宮自化忌出。

合生年祿與生年忌兩式，修道人的自在，讓命盤主人對於任何事都能淡然看待。

命宮自化祿：樂觀好相處，屬於好商量的個性，即使吃了悶虧也會自認倒楣不敢吭聲。

命宮化權交友宮：喜歡替人出頭，善於做幕後成就他人。

命宮化科田宅宮：喜歡樸實、書香環境。

命宮化忌官祿宮：敬業、專注，很多事寧願自己來也不願麻煩他人。

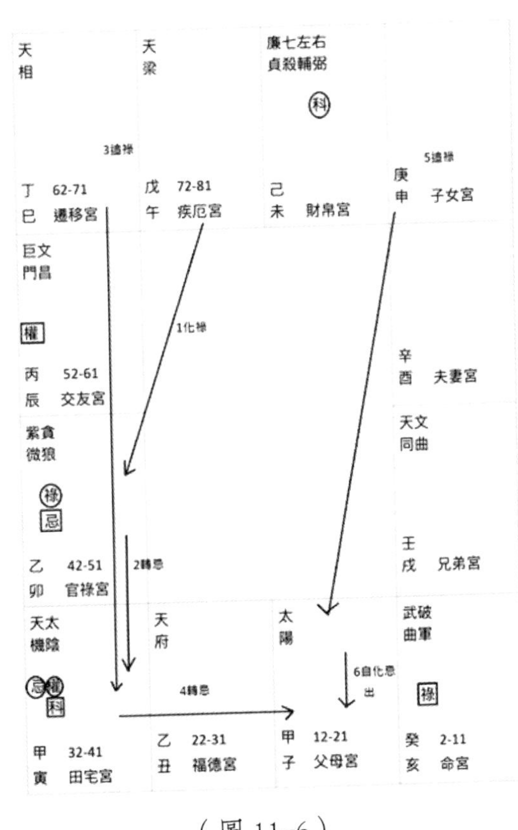

（圖 11-6）

認識命盤主人李老師也有好些年，也可以說是緣份吧！是從我一開始接觸命理就認識了，只能說頻率相同的人，就會有緣碰在一起。尤其是在偌大的宇宙世界，能遇到如知己般的人是不容易的一件事，在相處的過程非常舒服自在，即使話不多也能知道對方的需要，互相珍惜尊重。磁場不對、連相處半秒也會渾身不自在，人生中最幸福的事，就是找到懂你與珍惜你的人。

在二〇一九己亥年坐命宮時，終於看到他對五術的熱情波濤洶湧，來自於他本命宮化貪狼祿到官祿宮，加上疾厄宮化貪狼忌也執著起來，或許他原本就有自己的一份事業在忙，也無暇在命理這區塊經營，李老師跟我的理念與想法類似，有時間就幫助一些有緣人，其餘就很隨緣隨興。

非常開心他能在空檔之餘幫人解惑，我會選擇性交友（尤其是在命理界），這也跟我自己的個性有關，看不慣爭爭奪奪，李老師的善，我絕對肯定。

每個人都該多少學習如何看紫微斗數命盤，不必有求於他人，大部份的人都認為自己非常認識自己，但事實上我們並非百分百清楚。

在我們的人生當中，選擇會是一項艱難的題目，深怕選錯答案人生就被當掉，當下每一個決策就是一條截然不同的境遇。

紫微斗數是一門工具，能方便我們瞭解此生使命是什麼？

瞭解周遭環境與自己有何關聯？

瞭解如何化解人事物之間的糾葛與困惑？

瞭解如何運用天賦？

現在的社會不再是時勢造英雄，而是英雄造時勢年代，不需被命盤綁架，懂得先為自己設計命盤操刀規劃幸福，幸福與快樂就能操控在自己手上。

圖 11-6

疾厄宮化貪狼祿官祿宮轉忌田宅宮，貪狼星是五術星曜，落在官祿宮那真是絕配，我常虧李老師說：你不適合命理，誰能適合呢？五術界真需要你這樣善心的人來導正一些被破壞的觀念。轉忌田宅宮後還移宮追祿，轉忌父母宮後子女宮追祿，自化忌出。

像這樣的飛化，在命理界是能有自己的一片天，也會闖出名號，讓人知曉。若再配合寫作（父母宮）與教學（子女宮），更是大有收穫。

無論你過得是哪種生活？

也無論你依附的是何種信仰？

請試著靜下心來告訴自己，你真的認識自己嗎？

如果我們能在瞭解自己這一區塊多下點工夫，是否就不會在人際關係上與他人產生許多困擾和情緒，越是瞭解自己和他人就越能避免這些因為個人認知帶來的誤解。

一般人在信仰上內心難免都會有一種期待，就是能在晚年時安詳離去或者永處順境。但是泰國著名法師阿姜查告訴我們的是，修行就在於我們的心往內去觀察我們自己。能分辨世間錯誤，不被自己的心蒙蔽自我欺騙，時時提醒自己不管悲傷難過、開心喜樂任何念頭，都能保持一樣的心，公平的看待它與接受它，不會隨著這些情緒左右我們的心。

貼心小語：

一天24小時，地球一直在轉動，不會為了誰比較特別而停止轉動。低調做人、踏實做事，才不會平白無故引來怨妒，即便被誤會，不說明不代表默認，只是明白一個道理，話說多了也改變不了現狀，相信每一段的接觸，皆是緣的牽引。

看完此例，試著寫出如果你是這位命盤主人（或者是你自己），想要叮嚀自己力求改變的地方，讓我們一起努力朝這目標前進。也請記得標註日期，過些時候再往回看，我們已經完成哪些目標。

想改變1：

想改變2：

想改變3：

日期：

第十二節 人生的旅程，該往何處？

天府 癸巳 田宅宮	天太 同陰 忌 科 甲午 官祿宮	武貪 曲狼 權 乙 73-82 未 交友宮	太巨 陽門 權 祿 祿 丙 63-72 申 遷移宮
壬 辰 福德宮			天 相 丁 53-62 酉 疾厄宮
廉破文左 貞軍曲輔 科 辛 卯 父母宮			天天 機梁 戊 43-52 戌 財帛宮
庚 3-12 寅 命宮	辛 13-22 丑 兄弟宮	庚 23-32 子 夫妻宮	紫七文右 微殺昌弼 忌 己 33-42 亥 子女宮

（圖 12-1）

圖 12-1

生年祿在遷移宮：在外風趣、圓融受人歡迎，受賞識。

生年權在遷移宮：積極、應變能力佳，適合開發工作，能獨當一面。

生年科在父母宮：斯文、客氣、有禮貌。

生年忌在子女宮：對小孩教養不得要領，在家也待不住。

巨門生年祿（遷移宮）轉忌父母宮＋官祿宮追祿轉忌子女宮。

文昌生年忌（子女宮）轉忌父母宮＋遷移宮追忌轉忌子女宮＋兄弟宮追忌轉忌父母宮。

合生年祿與生年忌兩式，做得過多與超過自己能力範圍，即使得到暫時的掌聲，也未必能得到對方內心的肯定，不如把時間好好留給家人，多跟家人相處，俗話說，家和萬事興，很多人都忽略了這最重要的這一點，最後落得兩頭空。

生年祿、生年權在遷移宮的人，本就比他人容易成為團體中的焦點人物或領導者，在外的魅力也水漲船高。就像「滾雪球效應」、「能者多勞效應」，當一個人愈具能力，事情便會隨之而來，因此產生滾雪球效應，一有事就會想到找此人，內心直想非他莫屬。

如果未能妥善處理及調適，有一天能者亦可能不能，或者像「彼得原理」，人常常做到自己能力不能勝任的位置。

猶記得在命盤主人58歲這年正好適逢選舉年，命盤主人拿這張命盤問我的一位學生，學生把這張命盤拿來上課時供大家上課研究。

遷移宮看似有太陽權附帶命宮的祿、巨門祿在外陽光十足能言善道，講話鏗鏘有力，遇到陌生人鐵定馬上混熟，父母宮也化巨門祿到遷移宮加重巨門生年祿的力量，說的話也會讓人特別感到動聽，也會覺得相處非常愉快。

交友宮化天機祿到財帛也是屬於人緣財，靠人氣賺取現金財，由於化到財帛宮後又自化忌出，你可以想像這是一筆來一筆去的現金交易，命主本身工作經證實也的確是此現象。

要在社會上有實質權力地位，必定要搭配上遷移宮的權來拱屬於人氣宮位的交友宮的祿，串連多祿才能更顯示相得益彰。

在當時的學術探討中學生反映，此人聲勢高漲，命盤上的某些宮位也飛祿飛得挺漂亮，為何我會有如此看法呢？

此命盤交友宮的祿與遷移宮的權只有到財帛宮然後自化忌出，這路線飛得太短，由此現象當時的我估計此選舉對命盤主人不利，不僅會落選也會損失金錢，最後證實確實是落選。

要構成政治人物格局，一定要有社會地位。此張命盤的飛化不成格局，命盤飛到財帛宮就自化忌出，只能解釋成此命盤主人在外人氣、人緣不錯，轉忌到財帛宮表示他的人氣是可以讓他賺到錢，自化忌出僅表示可能錢來來去去，屬於一筆一筆的，差別在於落在財帛宮，並沒有落在官祿宮或者是父母宮、田宅宮，若是落在這幾個宮位，結果一定是另當別論。

競選相關宮位：遷移宮、父母宮。

社會地位相關宮位：遷移宮、交友宮、兄弟宮。

命宮化祿到遷移宮：在外人緣好，善於公關，際遇好。

命宮化權到交友宮：喜歡替人出頭，善於人事運作籌劃。

命宮化科到官祿宮：求安穩，行事稍猶豫不決。

命宮化忌到官祿宮：敬業、勤快、事必躬親。

天府 癸巳 田宅宮	天同 太陰 忌 科 甲午 官祿宮	武曲 貪狼 權 乙未 73-82 交友宮	太陽 巨門 權 祿 祿 丙申 63-72 遷移宮
壬辰 福德宮	3遇祿 2轉忌		天相 丁酉 53-62 疾厄宮
廉貞 破軍 文曲 左輔 科 辛卯 父母宮	4轉忌		天機 天梁 戊戌 43-52 財帛宮
1化祿 庚寅 3-12 命宮	辛丑 13-22 兄弟宮	庚子 23-32 夫妻宮	紫微 七殺 文昌 右弼 忌 己亥 33-42 子女宮

（圖 12-2）

圖 12–2

命宮化祿到遷移宮，在外圓融、樂觀、有人緣，轉忌到父母宮，臉上表情總是笑臉迎人，官祿宮追祿轉忌到子女宮，大家都樂於與此人交談，喜歡與此人做生意，這人就是做生意的高手，簡單的宮位串連就是如此基本解釋。

各位需要有一個觀念，一張命盤上有忌也未必不好，一張命盤上有祿過多也未必好，是看祿忌摻雜的比例，這樣的說法過於籠統，但又不得不說，只有實際命盤演練累積才能明白與理解我所說的情境。

命盤上十二宮位都是非常重要，都關係著命主心態走向，無法一下藥到病除，必須靠著毅力一步一腳印改善，命運是操縱在自己手上，我們能做的就是給予命主適當的建議，以上是我的分享。

在看了這麼多命盤與對照本人，讓我深覺感到恐懼的原因，最大問題來自於命盤上與生俱來的個性。一張命盤百分之70的現象供我們趨吉避凶，老天已給了我們最大的恩典，剩下百分之30就是要靠我們的智慧學習掌握，可以經由刻意的選擇，幫助自己扭轉命運。

人生該放下的是對過去的執著，人生該盡力的是活在當下，為自己生命多創造點奇蹟與意義，面對命盤上的病根不拔除，那永遠會是身上的痛，而這個痛點還會引動命盤上其他問題，這就是宮宮牽引。

大家說我寫的紫微斗數不只是命理查閱的書，內容又像心理學解析人性，好像在看故事一樣輕鬆容易。這也是我想顛覆傳統所想要表達的理念，紫微斗數就跟心理學一樣，很平凡的存在於我們生活中。

自接觸紫微斗數這些日子裡，讓我更有勇氣排除萬難繼續把理念推廣下去，這個力量也來自於看到命盤主人與我一起耐心的改變，當他們開心向我反映他們改善後的好處，我覺得一切的辛苦值得了……

天府 癸 巳 田宅宮	天同 太陰 忌 科 2轉忌 甲 午 官祿宮	武曲 貪狼 權 乙 73-82 未 交友宮	太陽 巨門 權 祿 祿 丙 63-72 申 遷移宮
壬 辰 福德宮	4轉忌		天相 3追忌 丁 53-62 酉 疾厄宮
廉貞 破軍 文曲 左輔 科 辛 卯 父母宮		5追忌	天機 天梁 戊 43-52 戌 財帛宮
1化忌 庚 3-12 寅 命宮	辛 13-22 丑 兄弟宮	6轉忌 庚 23-32 子 夫妻宮	紫微 七殺 文昌 右弼 忌 己 33-42 亥 子女宮

（圖 12-3）

圖 12-3

命宮化忌官祿宮轉忌遷移宮，專注、認真在職場上，凡事都自己來，疾厄宮追忌轉忌父母宮，沒日沒夜地拼，即使身體累也無怨言，子女宮追忌轉忌回子女宮，認真的態度是大家有目共睹。

曾經在年輕時，是過著非常刻苦的生活，腳踏實地地做才有今日的成果；為何可以如此說呢？可以觀看下圖，以田宅定格局來判斷。

圖 12-4

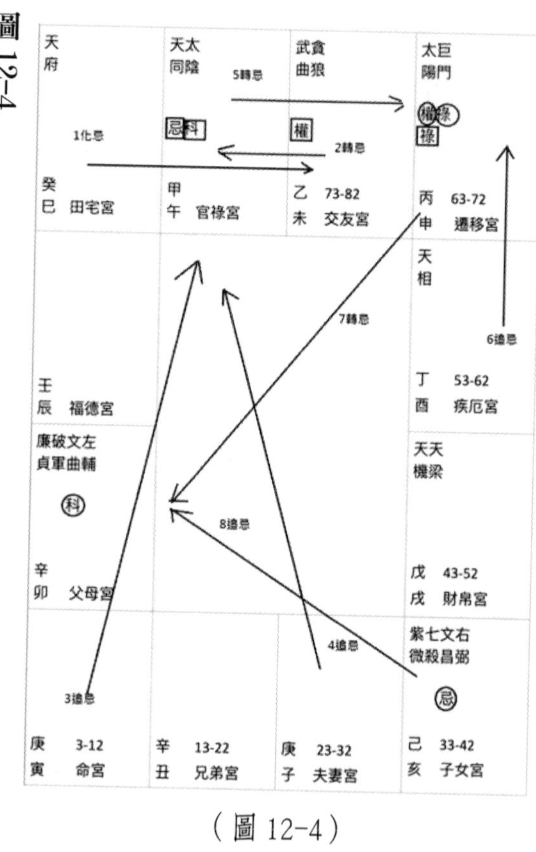

（圖 12-4）

田宅的飛化忌剛好落在此大限，讓我更加肯定，此大限必定不會有太多幸運降臨，要求得官職並不如預想中那麼容易，在外人緣、人氣雖好，並不代表一切都如魚得水。

田宅的忌化入交友宮是退財象，轉忌入官祿宮是想要創業投資，命宮與夫妻宮追忌官祿宮轉忌遷移宮，夫妻共同為生活打拼、一起創業，疾厄宮追忌遷移宮轉忌父母宮，創業初期四處奔波，也有可能是貸款創業，子女宮追忌父母宮轉忌落回子女宮，除了創業辛苦以外，初次創業也會不成功，也有可能要熬過一段很長的辛苦日子。

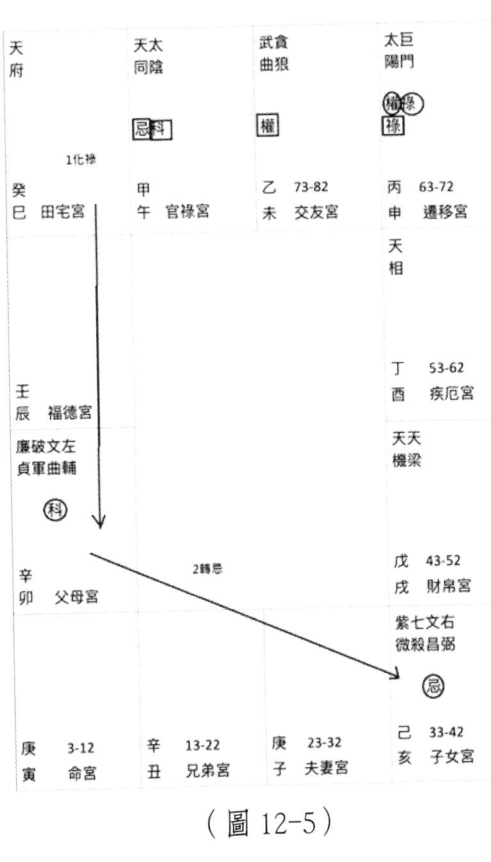

（圖 12-5）

圖 12-5

田宅的祿，僅串連父母宮與子女宮。以田宅宮立太極觀看格局，田宅的祿敵不過田宅宮串連的忌，可以判斷命盤主人的家境是從小貧困。

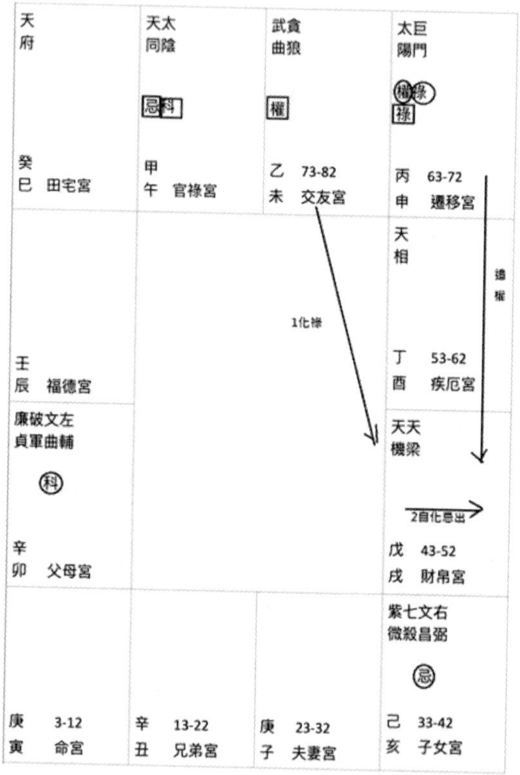

天府 癸 巳 田宅宮	天同 太陰 忌 科 甲 午 官祿宮	武曲 貪狼 權 乙 73-82 未 交友宮	太陽 巨門 權 祿 祿 丙 63-72 申 遷移宮
壬 辰 福德宮		1化祿	天相 丁 53-62 酉 疾厄宮
廉貞 破軍 文曲 左輔 科 辛 卯 父母宮			天機 天梁 2自化忌出 戊 43-52 戌 財帛宮
庚 3-12 寅 命宮	辛 13-22 丑 兄弟宮	庚 23-32 子 夫妻宮	紫微 七殺 文昌 右弼 忌 己 33-42 亥 子女宮

（圖 12-6）

圖 12-6

交友宮的祿逢遷移宮的權入財帛宮，說明人氣能為命盤主人帶來財源，想看金錢能賺多少，就必須看是否能再經由他宮追祿串連，此命盤到財帛宮後自化忌出，那就是屬於不多的財源，只能慢慢一筆一筆累積。

朋友時常問我：幫人家論命，會不會洩露天機而折損自己？或許是報章雜誌的負面報導看多了，讓大家對命理師的誤解還頗深。

天機幽微玄妙，難以用語言文字去詮釋，如果妄言吉凶禍福、裝神弄鬼，致使人心惶惶，用以謀取私利、滿足私慾，才會導致災禍。

四庫全書有一段話說得非常傳神：成和子曰：幽生微妙天地之機也，造化變異天地之理也，論天理以應人，可也，洩天機以惑人，天必罰之。

然而皇天無私，唯德是輔，唯善人是為，由是而觀，則禍福無不自己求之者，人有常言，雖有窮困而通，否極而泰，居困之時，不能致命遂志，焉可求通，居否之時，不能修德避難，焉可求泰？

此易之所謂：貴乎藏器於身，待時而動之，君之也。低視而心暗藏氣，愚而色不和，小人也。

所以啊，遇到挫折困難時，先想想自己，不要再自艾自憐了，先別急著「怨嘆」，倒是先看看有什麼地方可以再努力的。

希夷子曰：「人生於天地之間，不止於百千萬億數，其立身以殊，豈可遍而言之。」

希夷子的意思是，人有百百種，一言難盡。

論命須統合起來、整體而論。需依循道理來論，依循依定的方法來論。不能只憑感覺，天馬行空，以偏概全。否則，差之毫釐，失之千里，不可不慎。

貼心小語：

古人說：有德才是最好的風水，為何古人說：「福人居福地，福地福人居。」「福地福人居」是在說福地並不是對什麼人來說都是福地，但是有福之人住的絕對是福地，而沒福之人居住在福地不見得能好到自己，努力培福住到哪都是福地。

看完此例，試著寫出如果你是這位命盤主人（或者是你自己），想要叮嚀自己力求改變的地方，讓我們一起努力朝這目標前進。也請記得標註日期，過些時候再往回看，我們已經完成哪些目標。

想改變1：

想改變2：

想改變3：

日期：

第十三節　如何慎選最佳伴侶

巨 門 乙　54-63 巳　疾厄宮	廉天文 貞相曲 丙　44-53 午　財帛宮	天 梁 祿 丁　34-43 未　子女宮	七文 殺昌 戊　24-33 申　夫妻宮
貪 狼 甲　64-73 辰　遷移宮			天 同 忌 己　14-23 酉　兄弟宮
太 陰 科 癸　74-83 卯　交友宮			武 曲 忌 權 庚　4-13 戌　命宮
紫天左 微府輔 權　科 壬 寅　官祿宮	天 機 癸 丑　田宅宮	破右 軍弼 壬 子　福德宮	太 陽 祿 辛 亥　父母宮

（圖 13-1）

生年祿在子女宮：離家機會多，也喜歡往外跑。

生年權在官祿宮：擁有專業技術，能獨當一面。

生年科在官祿宮：事業貴人多。

生年忌在命宮：容易記恨、固執、難溝通。

天梁生年祿（子女宮）轉忌疾厄宮＋父母宮追祿轉忌交友宮＋子女宮追祿轉忌遷移宮＋夫妻宮追祿轉忌父母宮＋命宮追祿轉忌夫妻宮。

武曲生年忌（命宮）轉忌兄弟宮。

合生年祿與生年忌兩式，得知有天生好資源，求學、職場順利，但卻會因己身命宮個性使然缺乏自信，需放下內心剛毅肯接受諫言。

命宮化祿父母宮：對長輩尊重，喜愛讀書。

命宮自化權：少了定力，做事容易虎頭蛇尾。

命宮化科交友宮：跟朋友以禮相待。

命宮化忌兄弟宮：想有成就，與母親也較有分歧。

圖 13-1

回首以往，踏上命理路與紫微斗數結緣，真的不是在我人生中預設安排的腳本，別忘了我也是女人，也像所有女人一樣渴望能像小鳥依人，依偎在老公身上，讓老公捧在手心裡疼愛。

比起物質、事業、地位等等，女人最大的驕傲不就是嫁個好老公，生一群乖巧的小孩嗎？

這婚姻若是能幸福美滿，多好啊！誰不想要一個幸福的家庭呢？問題是誰能保證結婚一定幸福美滿呢？

加上早期社會環境大家都是如此單純的想法，女人終歸要走入家庭，絕對是要有一個婚姻，若過了適婚年齡還沒嫁娶，勢必被人在後面指指點點。

一旦不小心遇上三姑六婆嘴巴特別毒的，慘了！慘了！鐵定被貼標籤，這女人或這男人鐵定是有問題的，要不然怎會嫁不出去，娶不到老婆呢？

一般到了20歲的階段，幾乎都完成人生中最基本的學校課業，當完成學業後，出了社會又急於找工作，有些年輕人家庭擔子重，還需打好幾份工賺錢養家。

往往到了該成家立業的年紀時，都已經錯過黃金時期，過了黃金時期就是瞪大眼挑毛病的。

常常看到女人困在不幸的婚姻中卻不願離開，探討原因來由，就是沒有經濟能力與沒有自信。也有可能是離開職場太久，必須仰賴對方的經濟資助而無法獨立。也因為害怕離開了這一個男人，找不到下一個更好的，所以逼迫著自己將就、忍耐。

希望你們比我幸運，能早點學到紫微斗數，及早發現自己的生命藍圖，預先知道如何幫自己規劃人生，少走些冤枉路。如果年輕的我早接觸到紫微斗數，在對另一半的挑選，或是在事業上的選擇，就不會做出錯誤的判斷，導致跌跌撞撞一塌糊塗。

說到挑選，這又不像是去菜市場買菜，挑錯了，可以馬上換。機運不好遇到不對的另一半，那就只會火上加油慘不忍睹，只好乖乖認命，怪自己認識不夠深，眼睛睜得不亮看走眼。一旦挑錯了對象，付出慘痛的經驗，不只是金錢的損失而已，連帶自己家人也受牽累備受威脅。

到底要怎麼選呢？

以下有幾個例子，提供給大家多方面思考，在我的看盤經驗裡或許會跟你們所學的有所不同，僅供參考自行取捨。

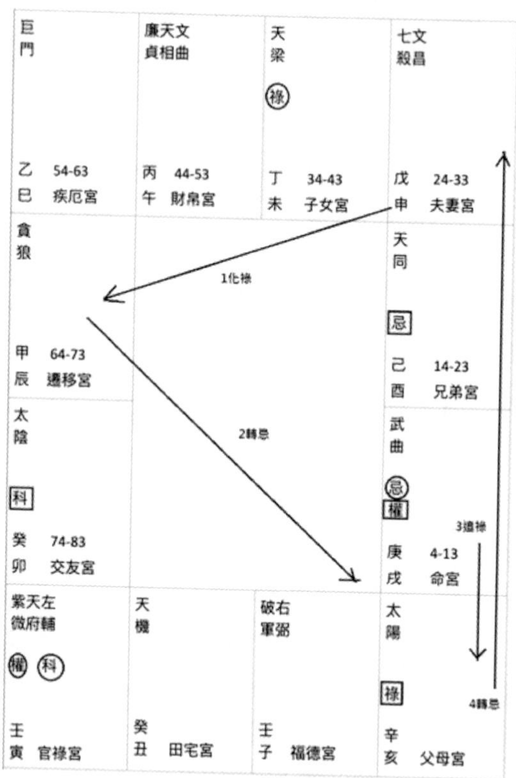

（圖 13-2）

圖13-2

夫妻宮化祿遷移宮，轉忌父母宮逢命宮追祿，轉忌夫妻宮，非常有異性緣，一〇五年25歲時有段感情（剛好走本命夫妻化戊貪狼祿桃花星到遷移宮），為何很快結束，因為流夫坐本財帛又自化忌出，當時我質疑男生有向命主借錢，事後證實確實如此。

由於有上面這個借錢跡象，女人的敏感度這時又突然靈機一動，讓我馬上想看這男生存在的是什麼心態？

我看到了本命交友化權入疾厄（異性強迫），我推論命主是被強迫性侵，半推半就，又證實了。

像這樣的命盤，說到婚姻，本身的夫妻宮立太極化出的祿，串連不漂亮（即使夫妻宮串連的忌不多）也沒串連到結婚相關宮位，我只能說：露水鴛鴦過過乾癮。

而這樣的基本盤分數不高，當然在挑選另一半時，也會差強人意，大家都不看好，唯獨命主歡喜。

如果你有遇到這樣命盤的女生，請千萬拉住她的手，別讓她受傷害。

重點也是在於告訴各位，如果命盤上夫妻宮的祿串連多祿（少忌），最好1田宅2遷移3福德宮都要串上，那絕對是得心順手，隨便撿都會撿到好夫婿，像這樣的命盤，在挑選另一半都不需要太費心。

如果妳不是這樣的好基本盤，當然在挑選另一半時，可別一開始就被愛沖昏頭，賠了夫人又折兵，人財兩失。

當一段感情出現問題，會有人首先把「是因為兩人不適合了！」這個問題擺在最前頭思考嗎？

當感情從濃情蜜意淡了下來產生變化，有了出軌、外遇，「當不被愛的人才是小三」經典名詞出現，我們該用不道德的眼光看待誰？

妳願意相信一個已經有婚約的人，信誓旦旦說要給老婆以外的人幸福？難道真的有人願意接受有另一個人的存在？

真正愛妳的人不會讓妳受委屈當婚姻的第三者，男人說盡理由就是合理化自己行為，不是跟老婆沒感情，就是拿小孩當藉口，不忍心看小孩沒了父母。當男人新鮮期一過，再請正宮出面宣示主權，這就是正宮與老公之間心照不宣的默契。

一段真愛是帶給對方快樂而不是傷害，一段見不得光的愛情，最後的結果是一敗塗地，絕大多數的男人在面對選擇題時，還是會選擇放棄小三。

費盡心機、不擇手段得來的愛情，只因不認同對方的決定與不甘願自己是失敗者，軟弱無力的妳，失去理性思考的能力，開始求助於某種神祕力量、求神問卜只求一個安心的答案，與一個遙遙無期無解的答案。

理性點吧！好的男人絕對不會讓妳變得卑微與廉價，人生的路很長，我們都值得去遇見更好的人來愛護我們，男女在交往時總會在彼此心中打上許多分數，這些分數在未來，就可能是要不要步入婚姻的依據之一，在交往的過程中，多幾分考量，還是能先為自己的婚姻把關，畢竟婚姻是關係著自己一輩子的事。

女人要拼的是本事與活得漂亮，女人要想讓後半生越來越精彩，請記住，妳需要不斷修練這樣東西，妳才會越來越好：智慧與學識。何謂智慧，林清玄老師曾經講述，智是觀察和思考的能力，慧是抉擇與判斷的能力，有智則可觀萬象，有慧方可析是非。

貼心小語：

當你充滿幸福感與滿足感時，很容易會因為一件特別小的事，就特別感動，能體會到生活中美好，哪怕只是一杯白開水，你也會喝得很開心。不知足與不滿的心常是修心的主要障礙，也是很多痛苦的原因。

相信菩薩是慈悲的，菩薩是要讓我們在挫折中學習，磨練我們的心性，就像在我們的斗數命盤上，呈現出每道課題，當懂得每道命盤上的課題，也就懂得學習去克服與完成。

看完此例，試著寫出如果你是這位命盤主人（或者是你自己），想要叮嚀自己力求改變的地方，讓我們一起努力朝這目標前進。也請記得標註日期，過些時候再往回看，我們已經完成哪些目標。

想改變1：

想改變2：

想改變3：

日期：

第十四節　含金湯匙出生的王子與公主們

太陽 丁 44-53 巳 官祿宮	破軍 (祿) 戊 54-63 午 交友宮	天機 [祿] 己 64-73 未 遷移宮	紫微 天府 [科] 庚 74-83 申 疾厄宮
武曲 右弼 丙 34-43 辰 田宅宮			太陰 (科)[忌] 辛 酉 財帛宮
天同 文昌 乙 24-33 卯 福德宮			貪狼 左輔 (忌) 壬 戌 子女宮
七殺 甲 14-23 寅 父母宮	天梁 [權] 乙 4-13 丑 命宮	廉貞 天相 甲 子 兄弟宮	巨門 文曲 (權) 癸 亥 夫妻宮

（圖 14-1）

生年祿在交友宮：朋友能力好，也會得朋友相助。

生年權在夫妻宮：配偶主觀意識強，防容易起爭執。

生年科在財帛宮：週轉容易。

生年忌在子女宮：對小孩教養不得要領，在家也待不住。

命宮化祿遷移宮：喜歡往外嚐鮮，愛熱鬧。

命宮自化權：做事較容易沒耐心。

命宮化科疾厄宮：防優柔寡斷。

命宮化忌財帛宮：愛財如命。

圖 14-1

田宅宮對每個人來說是挺重要，每一個人幾乎有三分之一的時間是在家裡，人說有土斯有財，根深蒂固地深植在人們的內心裡，而每個人是得先天祖產的命？還是需要靠著自己日後一步一腳印努力耕耘才能掙得房產？

田宅宮坐生年祿或命祿，或田宅祿入命宮、疾厄宮、福德宮、遷移宮無破者，都容易發財買房或得到家人親屬資助置產。六親宮位祿入我宮田宅並串連福德宮、遷移宮之祿是有可能由親人幫助買房，讓命主在經濟上的負擔能減輕些，要不然依時下社會現實環境，什麼都漲就是薪水不漲，房價也漲得離譜，不漲的薪水哪能應付龐大的房貸呢？

聽說年輕人現在都選擇不買房子，因為買不起是第一項重點，再來就是不想辛苦一輩子都在揹房貸。

田宅宮在我們的命盤上不單指財產、房產，有忌未必不好、因為收藏守成，有祿也未必好，只是多盈餘，也怕被劫，田宅宮也最怕化忌入交友三方與遷移宮，都是會有破財現象與個人周圍環境有不穩定現象，比如搬家、工作異動等，所以在看命盤時，很多細節都要看仔細。

像此張命盤主人，天生下來就有一個很會賺錢的老媽，遷移宮化武曲星祿入田宅宮，本就天生帶來好福氣，容易旺這個家庭，老媽生了這個小孩等於拿了個有錢護身符，會賺錢的老媽加上有錢的護身符，人生真是漁翁得利，得來全不費工夫，田宅宮沒有祿照樣好過，因為從遷移宮立太極後，串連得實在是太漂亮，把田宅宮拱得完美，手上拿的籌碼天生就比人翻倍。

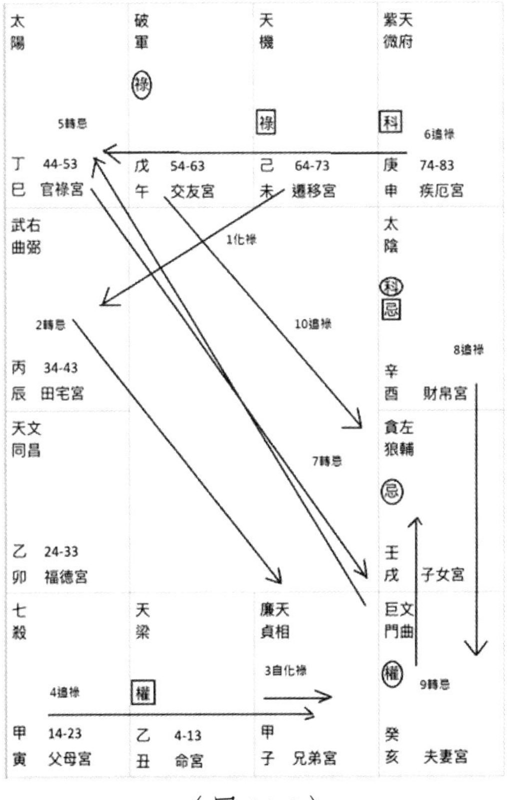

（圖 14-2）

命宮天梁權就是存有老大姐心理，什麼事就想當老大一樣罩著他人，命宮自化權卻沒先衡量自己能力擔當到何種程度，拍了胸脯保證卻未能實現，這不是會讓人更加失望嗎？若能在心性琢磨下點工夫，視自己能力幫助需要幫助的人多結善緣，肯定人生多彩多姿。田宅宮重要嗎？肯定是重要的……

以一六共宗的原理去推論，遷移宮屬於六（疾厄宮），有坐生年忌或命忌，甚而串連多忌，在外與人交涉生意就顯得差強人意，更別說想要有多大的成就（兄弟宮是成就位），尤其是在面對激烈變化競爭的市場環境，想達到一個規模效益，還必須倚賴在外社會資源，來增強自己公司內部的競爭優勢。

遷移宮是兄弟宮的共宗六位，成就取之於社會資源，遷移宮有忌，資源就不會好。

圖 14–2

遷移宮化祿田宅宮轉忌兄弟宮，福報蔭家庭，日後也會有豐富社會資源取之不盡，兄弟宮自化祿、父母宮追祿轉忌官祿宮，會是開公司當老闆格局，疾厄宮追祿轉忌夫妻宮，財帛宮追祿轉忌子女宮，自身有能力賺錢，在外也吸引眾多仰慕者追求，交友宮追祿子女宮轉忌田宅宮，看來這輩子會有很多異性貴人相助。

不用擔心錢財，生活多彩多姿，的確是讓人非常羨慕，再有錢的人還是會有自己煩惱的點，問題根源來自於人們價值觀習慣與態度。此張命盤主人福德宮與命宮雙化忌入財帛宮，即使有錢還是會糾結，轉忌回福德宮，疾厄宮又追忌入福德宮，直接忌出到對宮，三個情緒宮位怎麼轉都離不開財帛宮，這真是一個不解的習題。

福德宮潛意識中帶有隱藏的人格理論，這不容易被人發現。現在的環境常會聽到憂鬱症、焦慮症、恐慌症等心理疾病名詞，這也說明了很多人都遭受到心靈問題的困擾，探討心理學不僅僅可以幫助我們瞭解自己，也可以瞭解在生活中遇到的種種問題，原因來自於何處?在這些問題發生當下，這些行為隱藏在背後的心理祕密。

貼心小語：

生命無常，珍惜當下，幸福是一種心境，幫自己改寫人生劇本、沒有最好的，只有最適合的。

你若不想多做改變，總會找到藉口，你若想做改變，總會找到適合方法。

看完此例，試著寫出如果你是這位命盤主人（或者是你自己），想要叮嚀自己力求改變的地方，讓我們一起努力朝這目標前進。也請記得標註日期，過些時候再往回看，我們已經完成哪些目標。

想改變1：

想改變2：

想改變3：

日期：

天相 辛 75-84 巳 疾厄宮	天梁 壬 午 財帛宮	廉貞 七殺 忌 癸 未 子女宮	甲 申 夫妻宮
巨門 右弼 庚 65-74 辰 遷移宮			乙 酉 兄弟宮
紫微 貪狼 己 55-64 卯 交友宮			天同 忌 祿 丙 5-14 戌 命宮
天機 太陰 文曲 科 權 戊 45-54 寅 官祿宮	天府 己 35-44 丑 田宅宮	太陽 文昌 祿 科 戊 25-34 子 福德宮	武曲 破軍 權 丁 15-24 亥 父母宮

（圖 14-3）

圖 14-3

生年祿在福德宮：樂天知足、興趣廣。

生年權在父母宮：防得理不饒人、傲慢。

生年科在官祿宮：事業運好、有貴人。

生年忌在命宮：易起煩惱心、固執。

生年忌坐命的人，多半都會是固執己見，加上是天同生年忌就會有自己一套天真主義堅持想法；一個命宮坐了生年忌又是自化祿，自然產生矛盾現象，無法盡善盡美。

命宮自化祿：樂觀、防少危機意識。

命宮化權到官祿宮：喜歡學習、應變能力佳。

命宮化科到福德宮：臨急有貴人。

命宮化忌到子女宮：疼惜晚輩，也容易在家待不住。

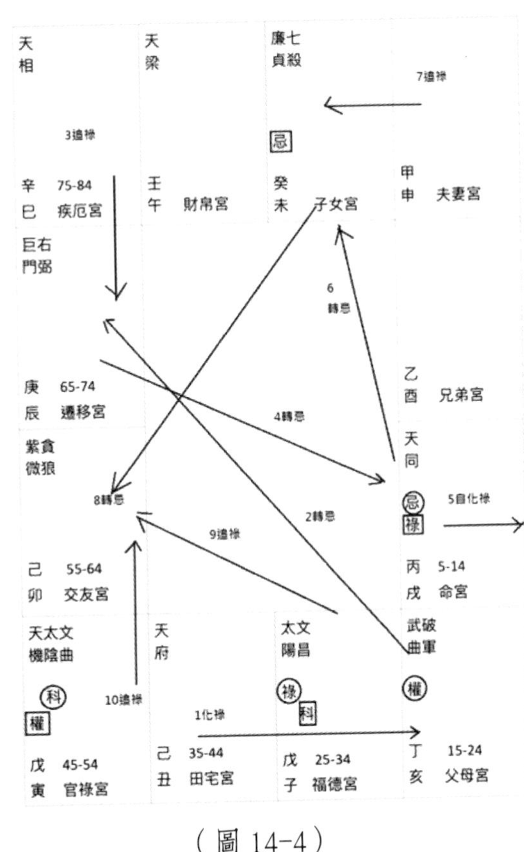

（圖 14-4）

圖 14-4

要看家境狀況，跟看格局高低是相似，先從田宅宮立太極，化出的祿串連宮位與化出的忌串連宮位做比較，在串連宮位時還要注意是否有跟生年祿與命祿、生年忌與命忌相碰觸，這也會是論命看盤時的一個重點。

這張命盤田宅宮化武曲祿到父母宮，然後轉忌到遷移宮，這也是一個經濟狀況不錯的家庭，疾厄宮又追巨門祿到遷移宮，再轉忌到命宮，這樣的飛化表示他的成長家世背景是不錯，命宮自化祿再度轉忌子女宮，夫妻宮追祿轉忌交友宮，福德宮、官祿宮雙追祿交友宮轉忌最後最後落到官祿宮，代表命主本身的職業也是不錯的，他的原生家庭對他是有實質幫助。

田宅的忌只有追到官祿宮然後自化忌出，忌不多然後祿多，這樣的經濟狀況成長背景底子是很不錯的。

家庭是人一出生最早建立人際關係的場所，在這段家庭環境關係裡，會模塑出一個人的個性與價值觀，我們內心有許多的侷限都來自於原生家庭，意志消沉的原因大部份是因為內在的我在抗拒現在的生活型態，急著想改變，想接觸新的事物。

疾厄宮化忌福德宮轉忌官祿宮，生活、工作緊張造成身心憔悴、情緒不開朗，交友宮、田宅宮、兄弟宮追忌自化忌出，母親與家庭也是造成命盤主人精神緊繃的原因之一。許多成癮行為的背後，都隱藏內心所欠缺的渴望需求，期待得到喜歡的人所能認同，在社會交往中習慣於隨聲附和，不敢勇於表達自己的意見，生性怯懦、缺乏自信心，會因為這些種種原因造成生病，精神官能症（躁鬱症患者）非常需要社會諒解和家屬支持，外來的目光有時比病本身更嚴重，這是情緒病最大的困境，試著誠實說出來，才能夠給自己更大的勇氣面對內心的恐懼。

貼心小語：

惜福即是培福，每個人都是我們的善知識，懂得惜福，感謝他們給予我們進步的力量，讓我們來到這世上不孤單。

看完此例，試著寫出如果你是這位命盤主人（或者是你自己），想要叮嚀自己力求改變的地方，讓我們一起努力朝這目標前進。也請記得標註日期，過些時候再往回看，我們已經完成哪些目標。

武曲 忌 乙 巳 夫妻宮	太陽 丙 午 兄弟宮	天府 丁 2-11 未 命宮	天太 機陰 科祿 戊 12-21 申 父母宮
天文 同昌 權 甲 辰 子女宮			紫貪 微狼 權 己 22-31 酉 福德宮
左 輔 科 癸 卯 財帛宮			巨文 門曲 忌 庚 32-41 戌 田宅宮
壬 72-81 寅 疾厄宮	廉七 貞殺 癸 62-71 丑 遷移宮	天 梁 祿 壬 52-61 子 交友宮	天右 相弼 辛 42-51 亥 官祿宮

（圖 14-5）

想改變1：

想改變2：

想改變3：

日期：

圖 14-5

生年祿在交友宮：對人和善、人緣好，容易得到好友的幫助。

生年權在福德宮：愛面子、奢華浪費、喜歡走高格調。

生年科在財帛宮：週轉容易。

生年忌在夫妻宮：欠感情債、配偶不易溝通。

命宮化祿到父母宮：聰明，長輩緣好。

命宮化權到子女宮：約束晚輩、掌權。

命宮化科到父母宮：長相文質。

命宮化忌到田宅宮：多為長子格、顧家。

田宅宮化祿到兄弟宮然後轉忌到遷移宮，在這個社會上是有地位，子女宮又追廉貞祿到遷移宮得到子女宮的追祿落遷移宮後，這個目前為止的解釋，代表說這個家族是很興旺，這是有名望的家族，子女都是很有成就，再度轉忌到福德宮，父母宮再度追祿到福德宮，轉忌到田宅宮。

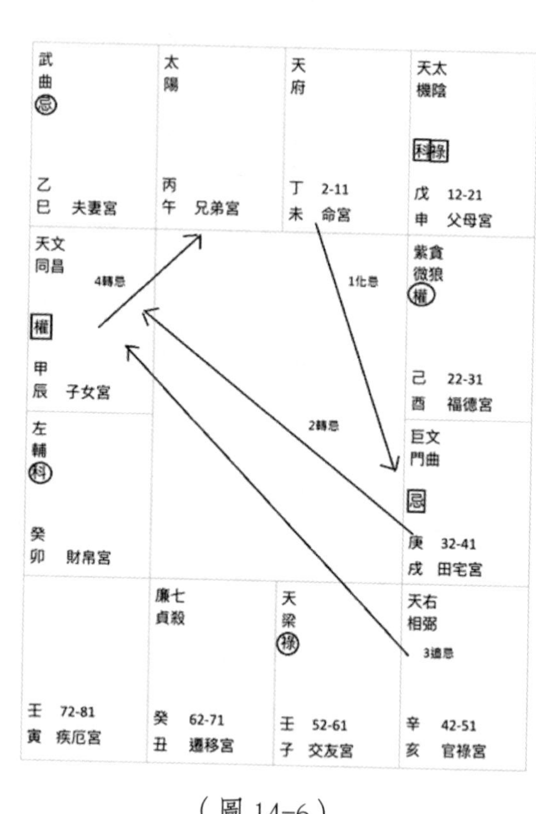

（圖 14-6）

看了田宅的祿，當然我們也要看到田宅宮的忌，雖然命宮化巨門忌到田宅宮，我們只能說這個小孩子他在家裡可能比較不會嘴巴甜，雖然如此，但是他對這個家還是很重視的。田宅宮化忌到子女宮，然後轉忌到兄弟宮後就沒得在追祿，田宅的忌也是不多。

以上三張命盤僅供各位讀者做一個參考比較，如何看一張命盤高低，為何要看祿的飛化與忌的飛化，在祿與忌兩者之間做個比較，就慢慢可以理解分析命盤時，為何要再多此動作，讓我們更清楚命盤主人是先天有資產還是後天努力得來，再去推測命盤上的現象與行為。

圖 14-6

命宮化忌田宅宮直接忌出子女宮，雖然顧家但也會為了自己的私心與愛面子，花大筆錢滿足虛榮，官祿宮追忌轉忌兄弟宮，日後會因為合夥損財。

共同依賴是一種習得行為，是一種情緒現象和行為表現，也是互相給予滿足感的人際關係，這些有共同依賴特徵的人會互相取暖，共同依賴也被稱為關係成癮症，當命盤主人在家得不到的認同，能在朋友身上得到肯定，朋友邀約合夥就容易答應，因為愛面子就會豪氣把現金捧出去，完全不問任何細節。

損財的程度對家財萬貫的命盤主人，絲毫不會受影響，也並不是全部的合夥都是虧錢，在這頂端的圈子裡，也許也是一種人脈投資與交際。

會產生人際衝突，大部份都跟個人情緒狀態有相當密切關係，很多在工作場合產生的意見不合，僅僅只是因為人們彼此都不喜歡對方而產生一種個性上的抵觸，就是基於個人偏好價值觀等不同而產生的敵對關係。

如果我們沒有辦法讓心越來越成熟、穩定的話，會習慣用煩惱折磨彼此，在不經意的情況下，用煩惱傷害了家人。通常，最大的受害者就是和我們住在同一個屋簷下的家人。

貼心小語：

西方心理學家探討，高外向、低神經質是與幸福較有聯繫因素，相信努力就能有所改變會比聽天由命的人更幸福。擁有正向人格特質（希望與韌性）會帶領我們做出正確選擇、思考及行為表現。

看完此例，試著寫出如果你是這位命盤主人（或者是你自己），想要叮嚀自己力求改變的地方，讓我們一起努力朝這目標前進。也請記得標註日期，過些時候再往回看，我們已經完成哪些目標。

想改變1：

想改變2：

想改變3：

日期：

第十五節　女人當自強

巨 門 辛 巳　兄弟宮	廉天右 貞相弼 壬　3-12 午　命宮	天 梁 權 祿 癸　13-22 未　父母宮	七左 殺輔 科 甲　23-32 申　福德宮
貪文 狼曲 庚 辰　夫妻宮			天 同 乙　33-42 酉　田宅宮
太 陰 忌 己 卯　子女宮			武文 曲昌 忌 丙　43-52 戌　官祿宮
紫 微 科 權 戊 寅　財帛宮	天 機 祿 己　73-82 丑　疾厄宮	破 軍 戊　63-72 子　遷移宮	太 陽 丁　53-62 亥　交友宮

（圖 15-1）

圖 15-1

生年祿在疾厄宮：生活優渥，易慵懶，不積極。

生年權在父母宮：傲慢、個性衝。

生年科在財帛宮：錢夠用，週轉容易。

生年忌在子女宮：容易在家待不住，防意外。

命宮化祿到父母宮：尊重長輩，孝順。

命宮化權到財帛宮：敢賺敢花。

命宮化科到福德宮：臨急有貴人。

命宮化忌到官祿宮：對事業專注。

是否常有恨不逢時，在工作職場上怎麼都沒遇到一位賞識自己的人呢？在感情路上，也總是遇不到對的人。為何女人老是遇到不好的對象？是否曾經思考過一個問題，為何自己交往過的對象，都是同樣類型或樣貌？

此人感情總是不順，總是會遇到見不得光的感情對象，也不管對方是有老婆，就選擇不顧一切當小三，到底什麼樣命盤的傻女人，明知道沒結果，還會做出這樣的傻事呢？

夫妻宮忌入命宮、夫妻宮忌入遷移宮、遷移宮忌入夫妻宮、夫妻宮忌入父母宮、父母宮忌入夫妻宮、夫妻宮串連多忌都會是不理性與自己過度自信、自我感覺良好，產生假象做出判斷錯誤的選擇。

關於愛情這玩意兒，它來了，並不表示永遠都存在，它走了，不意味著它將不再出現，愛情自然會創造出難以理解的信念，讓人瘋狂生出前所未有的勇氣，去做一些既危險又浪漫或者讓外人無法理解的愚蠢的事情。

如果不從世俗道德眼光去看待，外遇與劈腿只是感情的變化，誰會坦然承認是自己的過失。女人別再說自己別無選擇，只會哭哭啼啼哀怨人生不公，在夜深人靜時，很難去控制心中會浮起情人正躺在正宮身邊的景象。

關係的不平衡，會讓自己陷入是被騙、被利用的受害者，愛情一旦演變成控制的關係，內心產生強烈自卑感、害怕分離，內心的無力感頓生，越無力就會越想控制他人，再加上無法控制情緒，就容易做出傷害彼此的殘暴行為，造成無法彌補的過失。

許多歷經情傷的人，一被愛情的蛇咬過，就形成怕草繩情結，從此不再相信愛情。

清醒的女人才能優雅面對人生，懂得為自己沏上一壺好茶，安靜的閱讀一本好書，懂得生活，讓自己活得與眾不同。

有些感情，是越早放手越幸福，在一段感情中，如果沒有把妳變得更好，只會讓妳傷心、難過，這種不值得留在身邊的人，應早早踢出界，不要在自己的幸福圈圈裡佔據一席位置。

巨門 辛巳　兄弟宮	廉貞天相右弼 壬午　3-12　命宮	天梁 權 祿 癸未　13-22　父母宮	七殺左輔 科 甲申　23-32　福德宮
貪狼文曲 庚辰　夫妻宮	3追忌 4轉忌		天同　1化忌 乙酉　33-42　田宅宮
太陰 忌　2轉忌 己卯　子女宮			武曲文昌 忌 丙戌　43-52　官祿宮
紫微 科 權 戊寅　財帛宮	天機 祿 己丑　73-82　疾厄宮	破軍 戊子　63-72　遷移宮	太陽 丁亥　53-62　交友宮

（圖 15-2）

圖 15-2

田宅宮忌出對宮子女宮，支出花費大，轉忌夫妻宮父母宮追忌，轉忌回田宅宮，也容易交往父母反對的對象。

女人在社會上總是處於較弱勢一群，不管是在家庭或是在職場上，還是會有男女之分，想過好日子，先認定自己價值所在。女人當自強，要把自己當成一間公司來經營得有聲有色，要有EQ展現柔軟身段、自信面對挫折、勇敢踏出第一步，不踏出第一步怎知眼前是不是機會。

勇敢的女人會開始思考自己的人生，開始注意內在的提升、思維意識的轉變，不會想停留在一段不滿意的關係裡打轉；選擇一段妳想要的關係，而不是像聖人般等待對方會變好的那一天，因為妳絕對不是聖母瑪利亞轉世是來救苦救難。

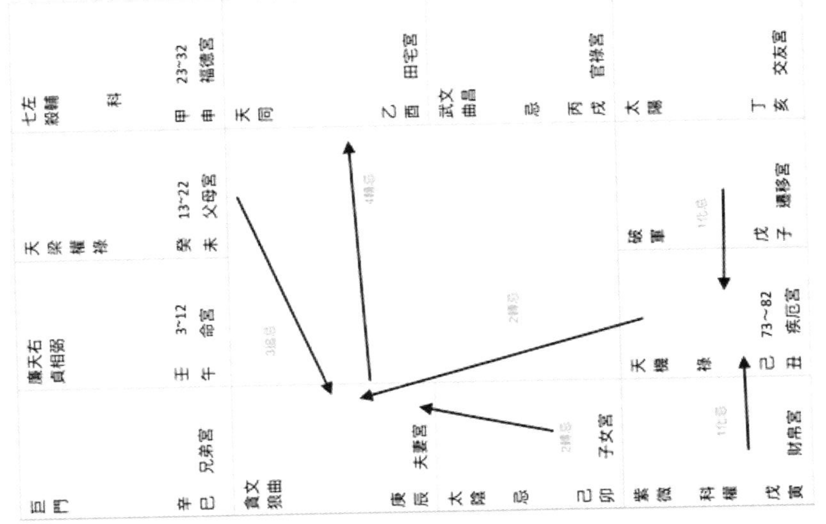

（圖 15-3）

圖 15-3

遷移宮、財帛宮化忌疾厄宮，屬於不穩定，需要在外奔波賺取錢財，轉忌入夫妻宮，子女宮生年忌也轉忌帶入，父母宮追忌夫妻宮共四忌轉忌入田宅宮，欠債的婚姻，不易經營。

每個人都按照自己個性任意行為，最後才抱怨生不逢時或業障所為，將自己任性導致的行為合理化，歸咎於老天爺不公平，從沒反思自己的命運是自己心念所造成。

命宮是講個性，疾厄宮代表身體，身體有殘缺，命宮再好也說不上完整，說到底還是有缺陷，有令人感嘆美中不足的地方。

一個人之所以會有心理困擾的問題，或者在生活中會有步調大亂的窘境，大部份都是因為缺乏自我覺察能力與自我瞭解。缺乏自我覺察能力的人，通常在生活當中少了現實感，甚至會有自我感覺良好、眼高手低的意識行為產生，常有所有人都對不起自己的感嘆；缺乏自我瞭解的人，也因為對自己的不夠瞭解、認識不清，一生中時常在做白工，也一直在浪費時間。

像這張命盤若真的想結婚，建議晚婚，等各方面心思較成熟時再來考慮，先天夫妻宮不足，倒是可以靠命宮後天的努力來完成，命宮化祿的飛化還是有機會，最後還是要命盤主人自己要能清楚自己內心真正想要的，才會是驅使付出行動改變行為的動機。

貼心小語：

常保一顆感恩知足的心，這是一種充滿智慧生活態度，停止抱怨，讓內心充滿感恩。當內心改變，態度間接改變，當態度跟著改變，習慣也會跟著改變，習慣改變個性也會有所轉變，最後生活也會跟著受影響改變。

看完此例，試著寫出如果你是這位命盤主人（或者是你自己），想要叮嚀自己力求改變的地方，讓我們一起努力朝這目標前進。也請記得標註日期，過些時候再往回看，我們已經完成哪些目標。

想改變1：

想改變2：

想改變3：

日期：

第十六節　家有一老，如有一寶，用愛陪伴您

圖 16-1

巨右 門弼 (科) [忌] 丁　5-14 巳　命宮	廉天文 貞相曲 戊 午　父母宮	天 梁 己 未　福德宮	七文 殺昌 庚 申　田宅宮
貪 狼 (祿) 丙　15-24 辰　兄弟宮			天左 同輔 [權] 辛 酉　官祿宮
太 陰 (權) [祿] 乙　25-34 卯　夫妻宮			武 曲 壬　75-84 戌　交友宮
紫天 微府 甲　35-44 寅　子女宮	天 機 (忌) [科] 乙　45-54 丑　財帛宮	破 軍 甲　55-64 子　疾厄宮	太 陽 癸　65-74 亥　遷移宮

（圖 16-1）

生年祿在兄弟宮：體質好、少生病。

生年權在夫妻宮：配偶主見多，喜支配、佔權。

生年科在命宮：長相秀氣。

生年忌在財帛宮：勞碌賺錢，女命易是職業婦女。

命宮化祿夫妻宮：對另一半無怨無悔付出關懷。

命宮化權官祿宮：對於工作應變能力佳，有能力。

命宮化科財帛宮：對金錢企圖心不大。

命宮自化忌：不記恨、不會記取教訓。

現今社會我們正在面臨的最大問題是出生率低，即將進入高齡化問題，現在年輕一代已經都快養不起自己，更別奢望組織家庭生小孩，連生養的父母也都不忍心再增加小孩的負擔。

年輕時，為了家庭、小孩辛苦了大半輩子，也自認為老了會有子女或伴侶相伴，也從未為了自己老了以後該做的打算。

如果子女孝順，如果退休金也夠，如果伴侶也在，如果自己身體也健康……

可是，事與願違，世事都不如想像美好。

大部份的長輩在得知自己生病的情況下，都是有著不願意造成家中小孩的負擔的想法，仍是每天生活照常若無其事過著生活，苟延殘喘努力地活著，也小心翼翼地隱瞞家人。

為人父母都希望兒孫平安健康，小時候只要聽到哪裡的師資優良學校好就會學孟母三遷，只想要讓自己的小孩受到最好的教育，等小孩過了求學階段，又是來到擔心成家創業的時期，怕夫妻感情不融洽，總之就是永遠有操不完的心。

圖 16-2

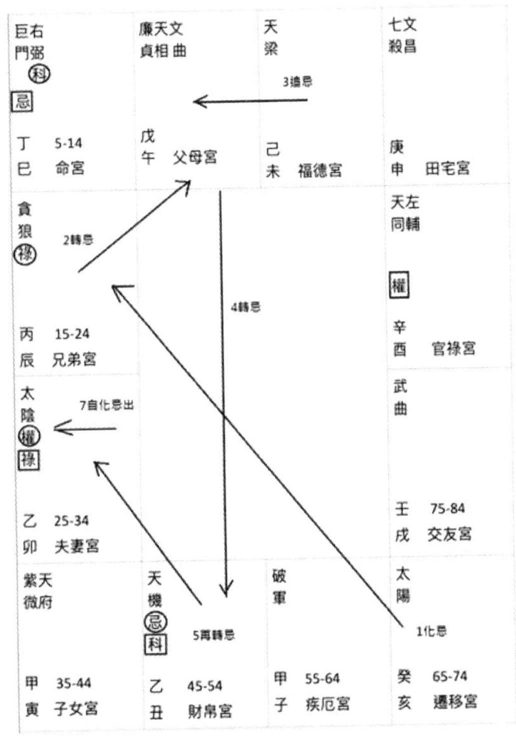

（圖 16-2）

遷移宮化忌入兄弟宮，社會資源差，需獨立奮鬥，轉忌入父母宮福德宮追忌，一生辛勞，心事誰人知！轉忌財帛宮逢生年忌再度轉忌，一生為家庭勞累奔波，轉忌入夫妻宮自化忌出，辛苦的代價還是得不到另一半的支持與肯定，只有冷漠相待。

二〇二〇年詢問，坐本命疾厄宮（大限命宮、流年命宮）時，本命夫妻宮（大限田宅宮、流年田宅宮）本命交友宮（大限夫妻宮、流年夫妻宮）兩個宮位皆是自化忌出，由這些現象推測老公身體容易突然出狀況、發生危險，尤其是在流年4月、7月、9月、11月。

事後證實，命盤主人老公確實在農曆4月突然發生不明原因病症（太陰星暗曜），連醫生都查不出原因，農曆7月、9月、11月也都是緊急住院。

命盤主人不去記恨以往老公的無情，即使自己年紀也大，也沒有小孩願意分擔幫忙，還是任勞任怨地照顧著老公，這樣的情份也只有在以前的社會傳統婦女的身上看得見。

當親人身體年紀愈來愈大，身體器官也隨之老化愈來愈衰弱，在生命即將進入尾聲時，適時的放手，選擇「善終」也許能保有對老者的一種尊重與尊嚴。「善終」才是最好的道別，我們都該提早正視生死這課題，這也是人生必修學分。

在生命末期的時候，即將失去摯愛的人，失去與他們相處的時光，很多家庭第一次面對死亡，他們根本就不知道會面對什麼問題？

加上現今社會也漸漸邁向高齡社會，最常見的老人疾病－失智症，失智症是一種認知退化的疾病，在眾多的失智症患者中，阿茲海默症和巴金森氏症的病患人數最多，帶給家庭與社會上的壓力也最大。

失智症照護是漫長的路程，而照護者的壓力可能有來自於其他家人漠不關心，在長期時間獨自照顧壓力下，照顧者一定要先學習轉換心情面對，把自己照顧好，才能有餘力去照顧失智者的家人，畢竟這是一條很漫長的路。

有時每天盡心陪伴在旁的晚輩，都遠不及不在身旁晚輩簡單問候一句話的重要，這常常是照顧年邁者的人，內心最感到無奈的一件事，好像陪侍在旁的都很廉價，一切都變得理所當然。這世間的事，只能說萬般無奈，家家有本難唸的經。

生、老、病、死一直都是存在這世上每個角落裡，接受的程度也會因為每個人的歷練程度，在心情上的調整角度也會有所不同；當面臨一件事情的發生，無法避免情緒的起伏，卻能完美掌控自己的脾氣與處事態度，這也來自於個人的修養。

貼心小語：

不管這個世界會變得怎樣，請堅強勇敢的走下去，相信一切都會是最好的安排，不要有人情上的束縛顧忌，你無法改變的事情很多，沒必要讓所有人瞭解或是想辯解要個明白，真正的強者不會強人所難，而是以沉默表態。

一個人經歷越多就會越沉默處事，內心更是淡定與從容，沉默是一種修行，無言是一種境界。

看完此例，試著寫出如果你是這位命盤主人（或者是你自己），想要叮嚀自己力求改變的地方，讓我們一起努力朝這目標前進。也請記得標註日期，過些時候再往回看，我們已經完成哪些目標。

想改變1：

想改變2：

想改變3：

日期：

圖 16-3

天 同 [祿] 己　36-45 巳　田宅宮	武天文右 曲府昌弼 (科)　[科] 庚　46-55 午　官祿宮	太太 陽陰 (忌) 辛　56-65 未　交友宮	貪文左 狼曲輔 壬　66-75 申　遷移宮
破 軍 (權) 戊　26-35 辰　福德宮			天巨 機門 [權] 癸　76-85 酉　疾厄宮
丁　16-25 卯　父母宮			紫天 微相 甲 戌
廉 貞 (祿) [忌] 丙　6-15 寅　命宮	丁 丑　兄弟宮	七 殺 丙 子　夫妻宮	天 梁 乙 亥　子女宮

（圖 16-3）

生年祿在命宮：一生無憂。

生年權在福德宮：注重物質，企圖心強、有自信。

生年科在官祿宮：事業安穩。

生年忌在交友宮：對朋友捨得付出，重情、重意。

命宮化祿田宅宮：不動產緣早，家庭贈與。

命宮化權疾厄宮：個性粗線條。

命宮化科官祿宮：適合文職、企劃。

命宮自化忌：沒耐心、做事較三心二意。

生年祿在命宮，命盤主人是一個生活豐盛無缺的人，可惜又自化忌出，除了本身沒耐性之外，也是個不懂珍惜福份的人，夫妻宮又化廉貞忌夾了命盤主人生年祿的好處，那就是便宜了另一半，也會是讓另一半吃得死死的，另一半說往東，絕對不敢往西的好老公。

圖 16-4

天 同 祿 己 36-45 巳 田宅宮	武天文右 曲府昌弼 科 科 庚 46-55 午 官祿宮	太太 陽陰 忌 辛 56-65 未 交友宮	貪文左 狼曲輔 壬 66-75 申 遷移宮
破 軍 權 戊 26-35 辰 福德宮			天巨 機門 權 癸 76-85 酉 疾厄宮
丁 16-25 卯 父母宮			紫天 微相 甲 戌
廉 貞 祿 忌 丙 6-15 寅 命宮	丁 丑 兄弟宮	七 殺 丙 子 夫妻宮	天 梁 乙 亥 子女宮

（圖 16-4）

福德宮化忌入疾厄宮，不易相處、孤僻，轉忌遷移宮，個性激烈、浮躁、少思維，田宅宮追忌轉忌官祿宮，容易把情緒帶入家庭與職場上，與家庭關係也不融洽，交友宮追忌，順勢也把交友宮的生年忌帶入官祿宮，不利合夥與競爭，轉忌回田宅宮，夫妻相處時間少，不善經營。

36－45大限恐有朋友邀約合夥，需慎重考慮回絕，以免破財也傷了朋友之情。

36－45大限命宮（本命田宅宮），化忌大限田宅宮（本命遷移宮）轉忌大限父母宮（本命官祿宮）破財，遇交友宮（大限福德宮）追忌官祿宮（大限父母宮）轉忌田宅宮（大限命宮），本命靜盤有劫財現象，是在這個大限相應，格外要注意合夥事項。

兄弟宮、父母宮雙化巨門忌入疾厄宮，轉忌入遷移宮，逢田宅宮追忌轉忌入官祿宮，交友宮追忌，轉忌回田宅宮，可見命盤主人與雙親常有爭執，整個家也是吵吵鬧鬧，意見不一致，少了家庭溫暖。

忌的宮位串連多，必多煩事，平時看似沒事，時間點一相應到，吵得不可開交，可是會讓左右鄰居閒言閒語。

貼心小語：

也許我們可以不求一大步轉變，但只求一小步改變，千萬別忽視這微不足道的小改變，這將會是逆轉人生的金鑰匙，一把即將打開埋藏已久珍貴寶藏箱的金鑰匙，這寶藏箱裡裝著滿滿豐盛寶物等著你來擁有它。

看完此例，試著寫出如果你是這位命盤主人（或者是你自己），想要叮嚀自己力求改變的地方，讓我們一起努力朝這目標前進。也請記得標註日期，過些時候再往回看，我們已經完成哪些目標。

想改變1：

想改變2：

想改變3：

日期：

第十七節　你的人生還在等什麼？

天機 權 辛　55~64 巳　疾厄宮	紫微 壬 午　財帛宮	文昌 文曲 科 癸 未　子女宮	破軍 甲 申　夫妻宮
七殺 庚 辰　遷移宮			乙　15~24 酉　兄弟宮
太陽 天梁 左輔 祿 己 卯　交友宮			廉貞 天府 忌 丙　5~14 戌　命宮
武曲 天相 權 戊 寅　官祿宮	天同 忌 祿 己 丑　田宅宮	貪狼 戊 子　福德宮	太陰 右弼 科 丁 亥　父母宮

（圖 17-1）

圖 17-1

生年祿在交友宮：對人和善、人緣好，易得好友相助。

生年權在事業宮：容易開創事業。

生年科在父母宮：談吐斯文。

生年忌在田宅宮：顧家、守成。

命宮化祿到田宅宮：不動產緣早，獲得助置產，女命旺夫。

命宮化權到疾厄宮：好動、個性不修飾。

命宮化科到子女宮：對子女採文明教育。

命宮自化忌：缺少耐心、少主見，不會記取教訓，沒原則。

有感覺自己的人生當中總是缺少什麼嗎？是金錢？是愛情、親情、友情？是該開始重視命盤的規劃，思考金錢到底都流向哪？感情一味的付出到底會不會有結果呢？命盤當中該斷捨離與整理的部份是在哪裡呢？

試問對自己的瞭解程度？優點？缺點？影響？這些都是存在命盤上的盲點。

也許人生該思考的種種問題，在自己深陷在看不見未來的恐慌之前，先為自己部署好路線。若是只為了順應社會主流價值觀，迷失了自己，把自己變成社會期待的樣子，那就喪失了自己特性發展的潛能。

你的人生就如同一間公司，你就是產品，怎麼讓公司經營業績長紅?學會看懂自己命盤上的先天優勢，幫自己找出可以改善的生活型態與行為，如同舊房重新裝潢改造煥然一新。

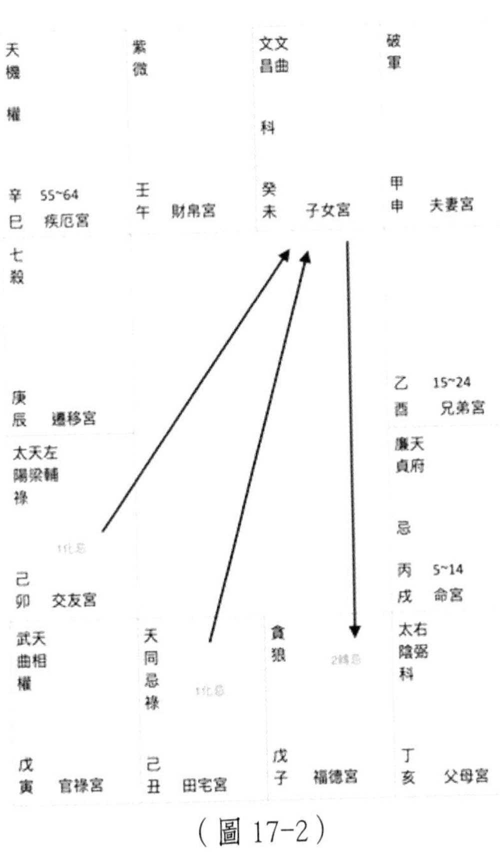

（圖 17-2）

以財帛宮「一」來說，田宅宮為「六」是相輔相成，田宅宮漂亮，錢財就必定收藏得住。此張命盤財帛宮化祿交友宮轉忌子女宮，沒得追祿再轉忌繼續下一個宮位，此三宮位說明命盤主人的金錢觀，樂於在外與朋友分享，是無法守得住錢財。

圖 17-2

交友宮、田宅宮化忌忌入子女宮，轉忌入福德宮，可以看出命盤主人喜愛在外享樂，甚至敢砸大錢，套一句流行語，只要我喜歡，有什麼不可以！

苦與樂之間的距離很短，可以馬上感受，這快速的時間也許不用一秒鐘；這個享樂很容易過頭鑄成大錯，福德宮自化祿，漫不經心、愛做夢，少了憂患意識，也容易受在外的誘惑，沒有辦法控制自己的情感。

圖 17-3

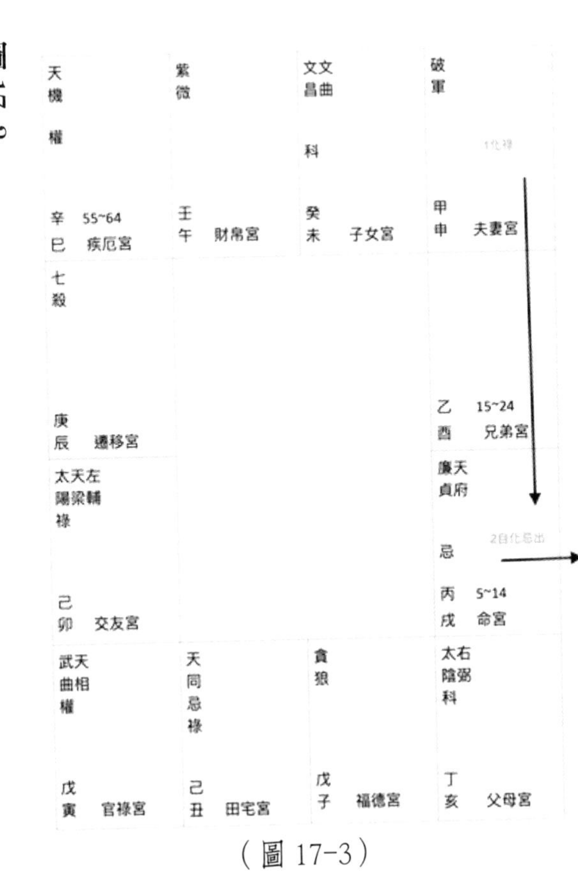

（圖 17-3）

夫妻宮化祿命宮，異性緣好，也會得另一半的疼愛；命宮自化忌出，耐心不足，少了主見，對於另一半的真誠付出，並不會珍惜，有也好、沒有也好，一切無所謂。

結合上盤的飛化，命盤主人不會因為珍惜另一半對她的好，心存感激，面對外面的誘惑有所顧忌與回絕，只照自己想法行事。

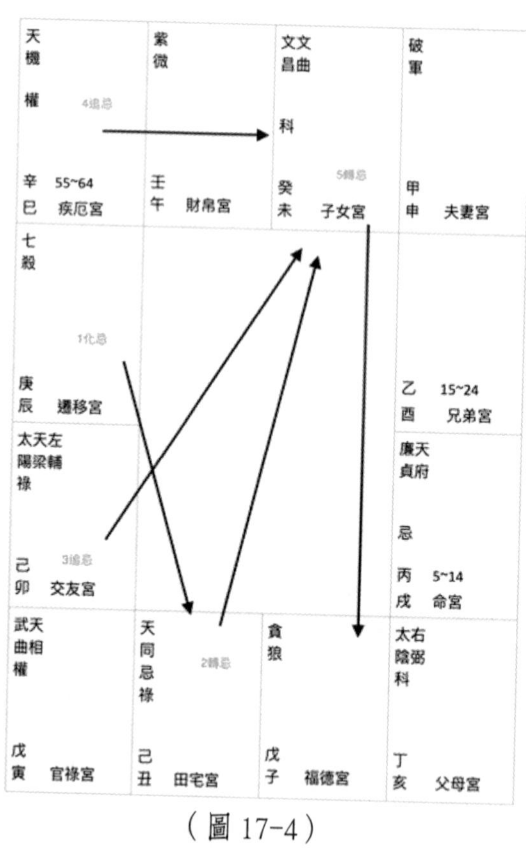

（圖 17-4）

圖17-4

遷移宮化忌田宅宮，家族關係不好，易被親戚排擠、看不起，轉忌子女宮，家中容易有龐大負債、壓力，交友宮追忌、疾厄宮追忌，居無定所，離鄉背井，轉忌福德宮，小時候家境不好，讓內心造成一股莫名恐懼感，一有機會就想擺脫原生家庭帶來的無形壓力。

有人格反差的人，都會明顯把自己的錯誤與挫敗怪罪在別人身上，只會注重自己的感受與情緒，相對於造成別人的痛苦是漠不關心，並不會在乎對方過得好不好，嚴重缺乏同理心。

像這樣的人，只能動之以情、說之以理、誘之以利，盡力說服接受過錯與承認失敗是可以找出解決方案的契機。

如果你心存善良，不管遇見什麼事、什麼人，最後你都會走回正途—雨果

貼心小語：

緣份即是如此，一段段落下在彼此腦海裡，想要多一秒是奢求，想要少一秒是逃避，沒有活在當下是傻子，只想活在自我世界的人才是自私、心中會存有遺憾，再回首，每個片段景象都是珍貴的畫面。

看完此例，試著寫出如果你是這位命盤主人（或者是你自己），想要叮嚀自己力求改變的地方，讓我們一起努力朝這目標前進。也請記得標註日期，過些時候再往回看，我們已經完成哪些目標。

想改變1：

想改變2：

想改變3：

日期：

第十八節 圓夢

廉貪文 貞狼曲 祿 乙　16~25 巳　父母宮	巨 門 忌 丙 午　福德宮	天左右 相輔弼 丁 未　田宅宮	天天 同梁 權 戊　46~55 申　官祿宮
太 陰 祿 甲　6~15 辰　命宮			武七文 曲殺昌 科 己 酉　交友宮
天 府 癸 卯　兄弟宮			太 陽 忌 庚 戌　遷移宮
壬 寅　夫妻宮	紫破 微軍 權 癸 丑　子女宮	天 機 科 壬 子　財帛宮	辛 亥　疾厄宮

（圖 18-1）

圖 18-1

生年祿在命宮：一生無憂，衣食不缺，樂觀好相處。

生年權在事業宮：有專業，開創事業。

生年科在財帛宮：金錢夠用。

生年忌在福德宮：易多愁善感。

命宮化祿父母宮：長輩緣好，乖巧。

命宮化權子女宮：合夥掌權。

命宮化科交友宮：君子淡交，臨急得貴人。

命宮化忌遷移宮：耿直，少心機。

很耿直與可愛的一個小女孩，每次看到她總是一臉純真，瞪大著眼睛聽你說話，可是呢?你想要從她口中說出一句貼心的話來聽聽，想都別想!肯定沒有。

這個年紀除了課業上的壓力，也會對未來有一份失落，因為時代的變遷，現在的環境不比以前繁榮，再加上這幾年新冠疫情突來衝擊影響，整個大環境經濟垮臺，著實讓各行各業人們苦不堪言。

每個年齡階層都有煩惱，也都有夢想渴望。當然，小女孩也會煩惱未來該往哪個行業走，擔心付出心力，卻無法獲得同等報酬率；也渴望能圓自己內心那小小願望的美夢。

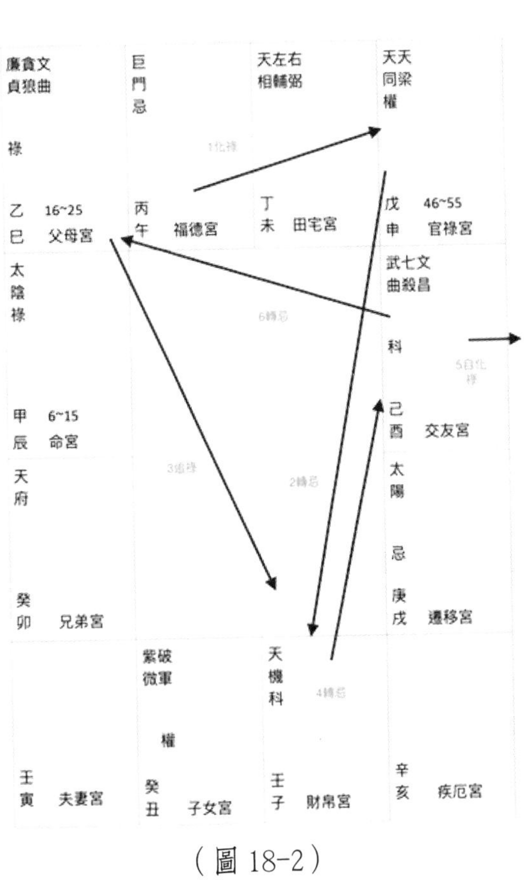

（圖 18-2）

命宮坐太陰星曜，女性會暖心，展現溫柔特質，命宮坐星比較剛強，比較聽不進別人想法，命宮坐星比較柔性，較聽得進別人建議與說法。美國心理學家曾說：人類可以因為心態的改變而使人生改變，只要改變心態就能改變生命。

圖 18-2

每個孩子在出生時都是一張白紙，純真可愛，小孩的未來更取決於父母怎麼塑造與教育，父母堪稱是孩子第一個教育指導老師。當父母教什麼，孩子就吸收與照做。

這張命盤想靠人際關係發財似乎有些難（交友宮祿的飛化不長），轉由福德宮去思考小女生的內心需求或興趣，福德宮立太極化天同祿到官祿宮逢天同生年權，服務性質加上技術性，轉忌財帛宮，表示可以賺到錢，父母宮追祿轉忌交友宮，也容易得到善知識及好友，善於學習，交友宮自化祿轉忌回父母宮。

天同星曜：食品、小吃、消化系統。

我建議小女生的媽媽可以引導小女生去讀食品營養學，未來幫人規劃養生、健康飲食，更可以跟很多機構配合做健康管理，試著打造自己的品牌，走出自己的路。

圖 18-3

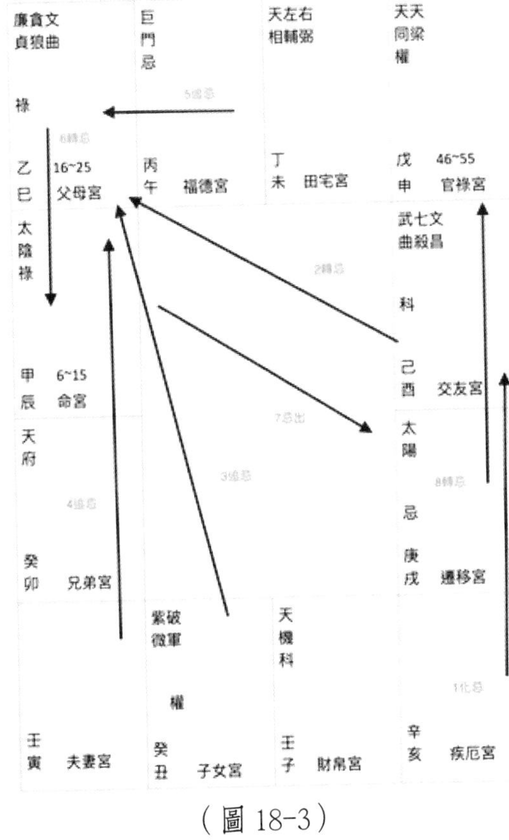

（圖 18-3）

疾厄宮化忌交友宮，轉忌父母宮，福德宮、兄弟宮、子女宮追忌，轉忌命宮直接忌出到對宮，逢遷移宮的命忌再度轉忌到官祿宮。

曾聽聞命盤主人的母親說：小孩剛出生時，祖母拿去給算命師說活不過15歲，也就是二〇二一年。

像上圖的飛化，的確是看了會冒冷汗，不自覺心驚。當時的算命師也算功力不錯，有算到這麼一劫，但有點說得太嚴重些，會讓人心生恐懼。

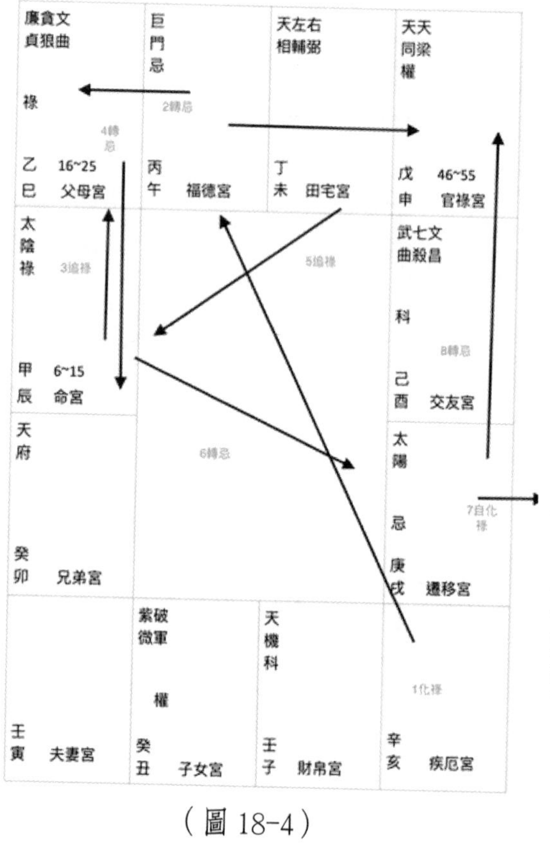

（圖 18-4）

圖 18-4

疾厄宮化祿福德宮轉忌父母宮，命宮追祿轉忌回命宮逢命宮生年祿，田宅宮追祿轉忌遷移宮，遷移宮自化祿轉忌官祿宮……光從疾厄宮祿的飛化，就不必擔心15歲這年會掛掉，疾厄宮只要與田宅宮串連，身體就會收藏與長命，再加上串連福德宮、遷移宮都是有福，不用擔心。

唯一要擔心的就是體質較弱，太陽命忌坐落陷宮位，容易近視加重。母親證實，確實如此，從小身體就不好，最近近視也加重得離譜。

最後想要建議小女生：多說好話，人與人的交流來自說話的內容與情緒，適時地表達與拿捏好分寸，才是高情商表現。學會待人處世、好好說話，懂得適當時機說適當的話，讓自己成為一個受歡迎與高情商的人很重要，這是能夠改變一個人的命運。

妳就是妳自己的轉運大師，因為妳的出身並不代表妳就是怎樣的一個人，只有妳自己選擇可以決定自己成為什麼樣的人。人生就像一場馬拉松競賽，贏在起跑點的人未必能撐到最後，不一定是贏家。

貼心小語：

愛因斯坦曾說：「凡事應力求簡單。」

學會靜心與少言，才能少招惹禍端。學會靜心分析才能少一點遺憾。

看完此例，試著寫出如果你是這位命盤主人（或者是你自己），想要叮嚀自己力求改變的地方，讓我們一起努力朝這目標前進。也請記得標註日期，過些時候再往回看，我們已經完成哪些目標。

想改變1：

想改變2：

想改變3：

日期：

以上章節，如有姓名或事件恰巧雷同，純屬巧合，因為這些相似的情節，都會是你我生活周遭常會看到與遇到的人生劇本。

我喜歡用生活上的小發現來延伸紫微斗數命盤上的解釋，我也發現紫微斗數是可以用另外一個生活態度觀來看待，不需被命運牽著走，動一動我們可愛的腦袋瓜，不要死腦筋不懂得變通，多思考如何整合紫微斗數命盤上現有資源（生年祿、權、科），面對解決命盤上的問題，適時修改紫微斗數命盤上的缺憾。

也多看看每個大運或流年命宮、疾厄宮、福德宮情緒宮位有何轉變，這都會讓你在看命盤解盤時有所啟發。想讓自己變得更好，是要付出相當多的心思與時間，更要擁有一顆天下無敵能忍受苛責的耐心。

因為在這個過程中肯定有一堆跟你唱反調的聲音出現，在這傷痛的過程會令人疲累、精疲力盡、耗盡心力，當然你也必須學習接受這些感受。

當你開始想要處理這些情緒感受時，思維也需要懂得適時改變，往往某些思維想法會影響感受，有時我們也絕對需要接受人生中的挫折考驗，來讓我們的思維有所突破。

當思維改變後，會開始思考自己的生活是否該如此過時，表示另一個活在潛意識的你已開始想要活出自我，想擺脫故步自封與舊有生活模式，不再想原地踏步。那就帶著勇氣往前走，機會常在日常生活中發生，經由某個領域的朋友不經意透露的訊息中，差別在於你有勇氣踏出去了嗎？並且掌握住其中機會的契機。

為自己改變創造人生，而這樣的改變只要先從我們的日常生活做起，很簡單很細微，細微到我們都漠視。試著做做以往未做過的事，嘗試看看以往從不想翻閱的書，認識新朋友聊天喝茶，將會有新發現，觀點將會不同，也會發現人生原來是可以如此美好……

書上有任何疑問，歡迎加入幸福紫微方程式 Line 官網諮詢。

透過行動條碼加入 LINE 好友

國家圖書館出版品預行編目資料

飛星紫微斗數，這樣學就對了 / 陳雨慈著.
－－第一版－－臺北市：知青頻道出版；
紅螞蟻圖書發行，2022.11
面　公分－－(Easy Quick；190)
ISBN 978-986-488-232-8（平裝）

1. CST：紫微斗數

293.11　　111015765

Easy Quick 190

飛星紫微斗數，這樣學就對了

作　　者／陳雨慈
發 行 人／賴秀珍
總 編 輯／何南輝
校　　對／周英嬌、陳雨慈
美術編輯／沙海潛行
封面設計／引子設計
出　　版／知青頻道出版有限公司
發　　行／紅螞蟻圖書有限公司
地　　址／台北市內湖區舊宗路二段121巷19號（紅螞蟻資訊大樓）
網　　站／www.e-redant.com
郵撥帳號／1604621-1　紅螞蟻圖書有限公司
電　　話／(02)2795-3656（代表號）
傳　　真／(02)2795-4100
登 記 證／局版北市業字第796號
法律顧問／許晏賓律師
印 刷 廠／卡樂彩色製版印刷有限公司
出版日期／2022年11月　第一版第一刷

定價 300 元　港幣 100 元

ISBN 978-986-488-232-8　　**Printed in Taiwan**